KB018516

세 살,

우리 아이 어떻게 키울까?

세 살,
우리 아이 어떻게 키울까?

오사카보육연구소 씀 ㅣ 이학선 옮김

보리

우리 보육을 비추어 볼 성실한 이웃의 거울

"토닥토닥 해 줘." 낮잠을 자려고 눈을 감고 누워 있던 한 녀석이 내 손을 붙잡고 졸랐다. 그러자 나란히 누워 있던 아이들이 여기저기에서 "나도 토닥토닥." "나도 나도." 아우성들이다. 20년 전, 일본의 한 어린 이집에서 일하면서 연구를 할 때 거의 날마다 낮잠 시간에 겪은 일이다. 오른손, 왼손으로 양쪽에 있는 한 녀석씩 토닥거려 주자 그 옆에 있는 아이들이 자기도 해 달라고 한다. 한 손으로 두 아이씩 번갈아 토닥거리 고 있자니 앞뒤 줄 아이들도 반쯤 실눈을 뜨고 "토닥토닥." "토닥토닥." 하고 속삭인다. 문득 천수보살상에 달려 있는 천 개나 되는 손이 떠올랐 다. 그 이상하도록 많은 손들이 부러웠다.

어린이집에서 여러 아이들을 함께 키우는 일은 자기 집에서 아이 한 둘을 돌보는 것과는 아주 다른 일이다. 그러나 어린이집은 한 집 한 집 에서 아이를 키우는 것보다 아이들을 더 잘 돌보고 키울 수 있는 곳이기 도 하다. 사회와 떨어진 곳에서 한 어머니가 한두 아이를 종일 돌보는 것보다 두세 어른들이 여러 아이를 함께 돌보면 아이들을 더욱 밝고 건 강하게 키울 수도 있다. 내가 일한 일본 어린이집에서는 늘 웃음소리가 그치지 않았고, 경험 많은 교사가 새내기 교사들을 늘 격려하고 안심시

켜 주었다. 그 때 널리 쓰고 있던 일회용 종이 기저귀가 아기들 피부에
도 안 좋고 환경 문제를 일으킨다는 사실을 알고서는 어린이집에서부터
면 기저귀 쓰는 운동을 펼치기도 했다.

어린이집은 아이들이 먹고, 입고, 자고, 놀고, 멍하니 앉아 있고, 골똘
하게 생각하고, 또는 그냥 돌아다니면서 '삶의 방식(문화)'을 익히는 곳
이다. 남자인 내가 어린이집에 갔을 때, 선생님들이 반가워하며 동네 목
욕탕에 아이들을 데리고 가 달라고 했다. 그 동안 여탕만 다녔는데 남탕
도 구경시켜 주고 싶다는 것이다. 아이들은 물론 아주 흥분하고 좋아했
다. 오랜만에 동네 남탕이 시끄러웠지만, 그것도 지역 어린이들의 존재
를 주민들에게 알리는 계기가 되므로 중요하다고 했다.

한국 사회에서 1980년대는 '보육'이란 개념조차 억압되었다. 개인 발
달과 가정 육아를 중요하게 생각하는 영미식 유아 교육관이 지배하고
있었고, '보육'은 '탁아'라고 하여 식구들과 어머니한테서 어린아이들
을 떼어 내려 한다고 의심을 받았다. 그러나 이 시기에 일본에서는 집단
보육과 사회 성장을 중시하는 사회주의권에서 연구, 실천한 사례를 소
개하는 출판물도 많이 나오고, 그러한 보육 운동을 실천하는 곳도 많이
있었다.

왜 지금 우리는 20년 전에 일본에서 만든 보육 책을 읽는가? 이 책 속
에 바로 지금 한국 보육 현장에 필요한 진지한 연구와 치밀한 기록과 보
육 운동의 열정이 녹아 있기 때문이다. 1980년대 일본 사회는 여성 노동
력을 쓰기 위해 보육 예산을 늘리고, 여전히 강한 가부장 가족 문화 속
에서도 어린이집을 늘려 갔다. 바로 오늘의 한국 사회를 떠올리게 한다.
이 책은 그 때 일본 보육 현장에서 어린아이들이 자라는 것을 어떻게 뒷
받침해야 할 것인가를 진지하게 고민하며 만든 것이다. 우리보다 한 세
대 전에 사회 보육 제도를 세운, 일본 보육 운동의 여러 실천 경험과 연
구의 결정체라고도 할 수 있다.

이 책은 다른 어떤 보육 책보다 교사와 부모가 서로 도와 아이를 돌보는 것에 대해 자세하게 다루었다. 또한 어린이집 안에서 아이들과 함께하는 일상 생활을 언제나 새롭게 관찰하고 기록하는 연구자로서, 그리고 부모들과 만나고 이야기를 나누면서 바람직한 육아 문화를 이끌어 가는 활동가로서 보육 교사가 해야 할 일을 그리고 있다.

물론 하루하루 새로운 지식과 정보가 넘쳐나는 오늘날, 한 세대 전에 다른 사회에서 실천한 육아법을 읽는다는 것은 불안한 일이다. 그런 점에서 이 책은 교과서가 아니라 참고서로 읽어야 한다. 꼼꼼히 읽되 거리를 두고 보아야 한다. 시대 차이만 아니라 문화 차이도 늘 생각하면서 읽어야 한다. 예를 들어, 일본의 기후와 주거 환경에서 비롯된 생활 습관은 깨끗한 몸과 위생을 강조하는 것으로 나타나고, 보육 현장에서는 똥오줌 가리는 훈련을 빨리 하거나, 옷을 자주 갈아입히거나, 추위를 이기는 피부 단련법을 열심히 고민하거나 하는 것으로 나타난다. '남에 대한 배려'나 '집단 만들기' 같은 섬세한 훈련도 집단주의 일본 문화와 연결된 보육 방식이다. 우리는 그러한 문화 특성을 배워야 할 것이 아니라, 우리 자신은 어떻게 하고 있는지, 또는 어떻게 해야 하는지를 돌이켜보아야 한다. 다시 말하면 우리 나름대로 보육 방법을 정리하고 만들어 가기 위해 토론하는 출발점으로 삼아야 한다는 것이다.

이 책은 치밀한 관찰 기록과 섬세한 글쓰기, 집단의 지식 수렴 방식 같은 일본 문화의 특질을 잘 드러내어 만든 책이다. 다른 문화에서는 찾아보기 힘들 만큼 정말 '자세한' 집단 육아법 교과서다. 우리 사회에서는 아직 제대로 경험하지 못한 한 살 어린이 보육에 대해서도 눈에 보일 듯이 그리고 있다. 허둥지둥 필요한 부분만 찾아 읽기보다는 먼저 쭉 한번 진지하게 읽어 보기를 권한다. 사람을 키우는 일은 기나긴 삶과 성장 과정을 생각한 문화적 맥락 속에서 이루어지기 때문이다.

이 책을 번역한 이학선 씨는 과천에 있는 공동육아 어린이집에서 아이들에게 옛날 이야기를 들려주는 '이야기 할머니'로 활동하고 있다. 늘 만나고 있는 어린이집의 교사와 부모들이 일본에서 실천한 보육 내용을 읽어 보았으면 좋겠다고 생각하여 10년 전부터 이 책들을 번역해 왔다. 모두 여섯 권이나 되는 전집을 대학 공책에 볼펜으로 꼭꼭 눌러써 가면서 전부 번역해 내었다. 한 할머니의 노력과 시장 논리를 넘어선 보리 출판사의 결단으로, 척박한 우리 보육 현장에 아주 구체적인 보육 방법론을 소개할 수 있게 된 것을 감사드린다.

이 책을 만드는 데 참여한 일본 보육 교사와 연구자 들은 서구 보육 이론과 방법론을 공부하고 참고하면서도 자신들이 만드는 이 책이 "빌려 온 수입품이 되지 않도록, 우리가 실천한 것을 우리 눈으로, 귀로, 손으로 함께 확인해 나가자."고 되풀이해서 다짐했다고 한다. 이 책이 한국 보육 현장에서 우리가 경험한 것을 우리 스스로 책으로 만들어 나가는 디딤돌이 되기를 바란다.

2007년 7월

정병호(한양대학교 교수, 공동육아와 공동체교육 공동 대표)

책을 펴내면서

아이가 태어나는 것

아이가 태어나는 것은 세상에서 가장 감동 깊은 사건입니다. 태어난 아이는 날마다 새로운 몸짓과 표정, 새로운 감정과 말을 익히고, 사람다운 능력과 자질을 배우고 익히며 창조해 갑니다. 부모들은 아이가 자라면 그 아이가 태어날 때 자신이 얼마나 불안해하고 긴장하며, 또 얼마나 기뻐하고 감동했는지 이야기할 것입니다.

오늘날 아이의 세계

아이는 태어난 지 석 달이 지나면 얼러 줄 때 소리 내어 웃습니다. 다섯 달째 들어가면 낯익은 사람을 알아보고 방긋 웃기도 합니다. 아홉 달째는 힘차고 개성 넘치는 소리로 엄마, 아빠 같은 옹알이를 합니다. 그러다 첫돌 무렵에는 두 다리로 일어서고, 걸음마를 합니다. 사람으로 살아가면서 꼭 거쳐 가야 하는 첫 번째 문을 지나가는 것이지요. 그러면서 앞 시기와 뚜렷하게 나뉠 만큼 시야와 활동 범위를 넓혀 갑니다. 또 부모에게 보호받고 기대던 데서 조금씩 벗어나 한 발 한 발 자립해 나가고, 자기 세계를 넓혀 갑니다.

그러나 아이가 한 발 한 발 자립해 간다고 해서 부모가 아이를 편하게 키울 수 있는 것만은 아닙니다. 아이가 조금씩 자립하면 할수록, 아이의 세계가 넓어지면 넓어질수록 부모는 한결 책임이 무거워집니다. 더욱 복잡하면서도 여러 방법으로 아이를 보살펴야 하고, 마음써야 할 부분도 늘어납니다. 아이가 부모에게 '보호받고 기대던 관계'도 새로운 모습을 띠어 때로는 부모 힘만으로는 어쩔 수 없는 일이 생깁니다. 부모들은 아이들이 자라면 이 시기에 자신이 어떤 일을 겪고, 얼마나 마음고생을 했는지 예를 들어 가며 이야기할 것입니다.

　부모가 아이를 키우는 방법은 지난날과 오늘날에 걸쳐 셀 수 없이 많이 이어져 왔습니다. 이것이 쌓이고 쌓여 '아이 키우는 슬기'가 되고, 우리가 살아가는 데 크나큰 유산이 되고 있습니다. 그러나 '아이 키우는 슬기'는 개인에게서 개인에게로 이어져 왔기 때문에 오늘날 부모들이 유아기 아이를 키우는 데 도움이 많이 못 됩니다.

　오늘날은 격동의 시대로 배가 지도 없이 바다를 떠다니는 것처럼 모든 게 확실하지 않다고 합니다. 위기에 빠진 시대를 반영하는 말이겠지요. 아이를 돌보고 키우는 분야에서도 그 영향을 받아 여러 가지 어렵고 힘든 부분들이 나타나고 있습니다. 아이들 세계도 폭넓게 바뀌어 가고 있습니다. 복잡한 원인들이 뒤엉켜 아이들을 둘러싼 사람 관계는 엷어지고, 집단은 흩어지고, 연대감은 약해지고 있습니다. 또 식생활도 바람직하지 않게 바뀌어 가고, 지역과 집단마다 놀이 방법이 빈약해지고, 상품화한 퇴폐 문화가 넘쳐나 아이들 감성에 영향을 주고, 어린이 세계를 무너뜨리고 있습니다. 유아기에는 인격을 갖추는 바탕을 만들어야 하는데, 이 시기부터 어린이 세대는 허물어지고 있습니다.

　오늘날 어린이 세계를 풍요롭게 하려면 단순히 '아이 키우는 슬기'를 이어받는 데서만 그치지 않아야 합니다. 아이를 둘러싼 집단과 환경 속에서, 아이가 살아가면서 발달하는 모습을 더욱 정확하고 뚜렷하게 잡아 내야 합니다. 그리고 아이가 발달하는 것을 도우려면 과학에 바탕을 두고 아이를 키워야 합니다.

과학에 바탕을 두고 아이 키우기

과학에 바탕을 두고 아이를 키우려면 부모들이 저마다 실천한 것을 쌓아 가는 것만으로 그쳐서는 안 됩니다. 수많은 경험에서 나온 아이 키우는 슬기가 과학에 바탕을 두고 아이를 키우는 힘으로 발전하려면 준비를 해야 합니다. 아이를 키우는 일은 어머니가 하는 일이며 개인이 책임져야 할 일이라고 생각하는 데서 벗어나, 사회가 함께 책임지고 펼쳐 나가야 할 일이라고 생각해야 합니다. 다시 말해, 사회에서 아이를 돌보고 키워야 합니다.

사회에서 아이를 돌보고 키우기

사회에서 아이를 돌보고 키우는 범위는 맞벌이하는 부모들과 앞으로 맞벌이를 해야 하는 부모들이 절실하게 운동을 펼치면서 넓어졌습니다. 사회에서 아이를 돌보고 키우는 운동이 발전하면서 아이 키우는 분야에서 함께하거나, 나누어 해야 할 일이 생겼습니다. 무엇보다도 집단 교육을 맡는 전문 교사를 많이 키워 냈습니다. 이것은 아이들을 날마다 있는 그대로 관찰하고, 맞벌이 부모가 바라는 대로 아이들을 성장 과정에 맞춰 개성 넘치고 사람다운 모습으로 키우려고 실천하는 교사가 많이 생겨났다는 뜻입니다.

부모들이 저마다 아이를 키우면서 쌓아올린 슬기를 바탕 삼아 집단에서 아이를 돌보고 키운 실천이 쌓이고, 이것은 '과학에 바탕을 두고 아이를 키우는' 밑바탕이 되었습니다. 더구나 맞벌이 부모들은 아이를 집단 전문 교사에게 맡겨 키우면 웬만큼 거리를 두고 자기 아이를 살펴볼 수 있다는 것을 깨달았습니다. 또한 교사에게 지도와 도움을 받으며 집단 속에서 자라는 아이들을 보면서, 아이들을 돌보고 키우는 일은 아이들이 생존하고 성장하는 권리를 보장하는 일이라는 것도 깨달았습니다. 그리하여 맞벌이 부모들이 오늘날 아이들에게 모자라는 것이 무엇인지, 아이를 왜 사회에서 돌보고 키워야 하는지를 주장하게 되었고, 스스로 짊어지던 책임도 개인으로나 공동으로 이루어 내려고 노력해 왔습니다.

부모들이 아이를 돌보고 키우는 것을 자신의 권리로 여기고, 부모와 교사가 위험한 현실에서 아이들을 지키려는 운동을 함께 펼쳐 나간 것도, 과학에 바탕을 두고 아이를 키우는 운동을 발전시키는 힘이 되었습니다. 또한 사회에서 아이를 돌보고 키우는 일은 보육 실천, 보육 시설, 보육 조건에 관계하는 보육학자, 심리학자, 교육학자뿐만 아니라 의사, 건축가, 법률가, 경제학자, 영양사, 조리사와 체육, 미술, 음악, 문화 분야의 전문가를 많이 낳았고, 과학에 바탕을 두고 아이를 키우는 일을 풍성하게 만들었습니다.

이러한 일들이 과학에 바탕을 두고 아이 키우는 일을 발전시켜 가는 바탕이며, 여러 분야의 전문가들은 아이를 한결 차원 높게 돌보고 키우려고 크게 움직이고 있습니다. 오사카 보육 운동이 국제 어린이의 해 (1979년)를 기념하여 오사카보육연구소를 세운 것도, 이와 같이 객관화한 관점과 실천 속에서 나온 요구와 주장에 발맞추려고 한 것입니다.

오사카 보육 운동

오사카에서는 1970년부터 보육 학교를 중심으로 학습 운동을 펼쳐 왔습니다. 보육 학교는 1984년 7월까지 강좌를 157회 열었는데, 여기에는 모두 2만 명 남짓한 교사와 부모들이 참가했습니다. 이 학습 운동은 나이에 꼭 맞는 보육을 중심 내용으로 삼고 있습니다. 교사와 부모들이 이제껏 저마다 절실하게 필요해서 실천해 온 경험을 나누고, 분석하고, 연구자가 정리해 가는 형태로 공부를 해 왔습니다. 이 학습 운동은 실천

사례를 아주 많이 모았습니다.

그 동안 재단법인 오사카보육운동센터(오사카보육운동연락회, 오사카 아동보육연락협의회, 오사카보육문제연구소)는 1983년에 10주년을 맞이 했습니다. 오사카 보육 운동을 중심에서 끌고 가는 오사카보육운동연락 회는 1984년에 20주년이 되었습니다. 이를 기념하여 오사카보육연구소 에서 그 동안 공부하면서 모아 온 내용을 묶어 어린이 세계를 풍성하게 하기 위해 이 책을 펴냈습니다.

국제 어린이의 해를 기념하여 오사카 보육 운동 단체들이 세운 오사 카보육연구소는 현재 일흔 명이나 되는 연구원들이 참가하고 있으며, 부회 활동과 연구위원회 활동을 하고 있습니다. 그러면서 오사카 여러 지역에서 쌓아 온 보육 실천 경험과 그에 따르는 과제를 검토, 분석하여 그 가운데 몇 가지를 책으로 펴냈습니다.

이 책의 짜임

우리가 이 책을 만들 때는 지금 이 책에서 바라는 것이 무엇인지 설명 하는 것부터 했습니다. 오늘날 아이를 돌보고 키우는 활동에는 여러 경 향들이 있습니다. 첫째, 아이의 발달을 강조하면서, 발달의 주체인 아이 의 생활, 생각, 관심, 능력을 무시하고 무조건 '발달 과제'를 주장하는 관리주의와 훈련주의 경향입니다. 둘째, 위와 반대로 아이의 자주성을 중요하게 생각하는 경향입니다. 이는 아이가 발달하는 데 토대가 되는 것과 문화 현상에서 과제를 찾아 내려고 하지 않고 교사가 그저 환경과 조건을 준비하여 돕기만 하고, 지도도 계획도 하지 않는 자유주의 경향 입니다. 셋째, 자유주의 경향에서 나온 생각인데, 아이에게 나타나는 문 제를 나이별 집단을 없애야만 해결할 수 있다고 생각하는 경향입니다. 여기에서는 집단 보육을 할 때 나이에 따라 반을 나누지 않고, 아이에게 활동을 자유롭게 하면서 하루를 보내게 하는 문제도 나타나고 있습니다. 넷째, 아이의 발달 과정을 무시하고 젖먹이 시기부터 영어나 한자 같은 외국어를 가르쳐야 지적 능력이 발달한다고 생각하는 조기 교육 경향입니다.

이러한 경향들은 저마다 넘어서야 할 문제들을 안고 있습니다. 우리는 이런 문제들을 넘어서기 위해서 단순히 이론에 담긴 문제뿐만 아니라 실천에 담긴 문제를 밝혀 나가야 한다고 생각했습니다. 현장에 따라 아이를 돌보고 키우는 조건이 다릅니다. 교사 한 사람 한 사람은 저마다 다른 현장에서 여러 조건을 생각하면서 어린이를 돌보고 키워야 합니다. 그래서 우리는 교사들이 저마다 자기 자리에서 실천한 것을 되돌아보고 그것을 주인 정신으로 발전시켜 나갈 수 있도록 보육 원리와 원칙을 이 책에서 보여 주어야 한다고 생각했습니다. 또한 이 책은 부모, 더구나 맞벌이 부모가 아이를 키우는 데 필요한 기본 지식을 풍부하게 갖추어 가는 데 도움이 되어야 한다고 생각했습니다. 그래서 다음과 같은 관점을 세웠습니다. 이러한 것들은 이 책에 나타나는 특징입니다.

이 책의 특징

첫째, 이 책은 나이마다 한 권씩 편집하여 한 살부터 여섯 살까지를 다루었습니다. 그러나 다음 나이에 계속 실천을 이어 갈 수 있도록, 권마다 다음 나이를 내다보며 글을 썼습니다. 또한 내용이 겹치거나, 그 나이에 해야 할 과제가 흐려지지 않게 하려고 나이마다 해야 할 과제와, 그 나이에서 다음 나이로 이어지는 시기에 해야 할 과제도 또렷하게 보이도록 편집했습니다. 그리고 유아기의 보육과, 학교 교육으로 이어지는 활동도 중요하게 다루었습니다. 권마다 계속해서 다음 나이를 내다보며 글을 쓴 것도 이 때문입니다.

둘째, 이를 위해서 편집 회의에서는 나이에 따른 발달 과제와 보육 과제 표를 간결하게 정리하여 '어린이 세계를 풍성하게' 라는 표를 만들었습니다. 권마다 1장 뒷부분에 붙은 이 표는 편집 회의를 몇 번이나 하고, 나이별, 항목별 모임에서 토론하고, 각 권 책임자로 이루어진 편집 회의에서 다시 토론하여 간결하게 정리한 것입니다. 한 살부터 여섯 살까지 표를 만들어 연구자와 교사가 보기 쉽게 하고, 가로세로 이쪽 저쪽을 관련시켜 긴 시간에 걸쳐 내용을 고쳐 가면서 만들었습니다. 물론 이 표는 이것으로 완결된 것은 아닙니다. 기계처럼 끼워 맞추어야 할 것도 아닙니다. 실천해 보고 검증하면서, 실제에 맞게 한결 다듬고 완성해 나가야 합니다. 그러나 실천으로 검토하고 연구한다고 할 때 이 표는 아이를 돌보고 키우는 활동을 발전시키는 데 분명 큰 도움이 될 것입니다. 표는 간결하게 만들었지만, 이것을 기본으로 하여 책 내용을 자세하게 썼습니다. 책 전체를 읽으면 이 표를 바탕으로 해서 실천해야 할 내용이 자세하게 나타나 있습니다. 이러한 관점에서 권마다 나이별 중점 과제를 기본으로 하면서 장을 구성했습니다.

셋째, 표에도 잘 나타나 있듯이 먼저 나이마다 핵심이 되는 발달 과제를 실천 사례로 밝혀 놓았습니다. 그러나 가장 중점을 둔 것은 아이마다 발달 과제를 이룰 수 있게 아이들이 주인이 되어 활동하는 내용을 담은 부분입니다. 그 밖에 단계마다 교사가 실천해야 할 과제, 말하자면 교사가 아이를 돌보고 키울 때 아이를 소중하게 여기는 활동이 무엇인지도 밝히고 있습니다. 아이의 발달 과제, 아이가 주인이 되는 활동, 교사의 보육 과제, 이 세 가지를 서로 연결시켜 실천해야 할 내용과 구조를 뚜렷하게 밝혔습니다.

이 책은 오사카 여러 지역에서 널리 실천하고 있는 보육 내용을 바탕으로 하고, 오사카보육연구소에서 연구한 성과를 덧붙여서 만들었습니다. 함께 토의하고 연구해서 나온 결과입니다. 쓴 사람은 교사, 부모, 연구자 들로 모두 예순 명이 넘으며, 토론에 참가한 사람들은 그 몇 배나 됩니다. 모자라는 곳이 있기도 하지만, 아직은 역사가 짧은 집단 보육에서 기본 목표로 삼아야 할 것을 뚜렷이 보여 주고 있습니다.

　이 책에는 대부분 실천해 본 내용과 사례가 나오기 때문에 부모나 교사가 아이를 키울 때 실제로 도움이 되는 내용이 많이 들어 있습니다. 그러나 앞으로도 교사나 부모들이 이 책을 읽고 검토하고 비판하면서 점점 내용을 풍성하게 만들어 가야 합니다. 오사카보육연구소는 이 운동을 해야 한다는 것을 일러 주었는데, 그 곳에서 이 책을 책임지고 편집하여 정말 기쁩니다. 유아기는 한 사람의 인생에서 중요한 출발점입니다. 많은 사람들이 이 책을 지지해 주면 좋겠습니다.

1984년 8월
오사카보육연구소
다카하마 스케지, 아키바 히데노리, 요고다 마사코

차례

2장 | 세 살 어린이 보육 계획

3장 | 세 살 어린이를 돌볼 때

4장 | 어린이집 교사와 부모가 할 일

5장 | 궁금해요

일러두기

■ 이 책은 1984년에 일본에서 처음 나왔습니다. 그래서 지금 우리 현실과 조금 다른 부분이 있습니다.

■ 이 책에 나오는 세 살은 25개월부터 36개월까지이고, 어린이 반 1년은 일본 새 학기가 시작하는 4월부터 다음 해 3월까지입니다.

1

세 살, 위대한 흉내쟁이

세 살 어린이의 발달 모습

온몸 운동의 시작

세 살 어린이는 사람으로 태어나 삼 년째 살아갑니다. 포르트만이 말했듯이 '능력 없는 상태'에서 태어난 한 살 어린이는 자기 목숨을 지킬 줄 모릅니다. 그러므로 어른들이 극진하게 보호해 주어야 합니다. 한 살 어린이는 보호를 받으며 목이 곧아지고, 자다가 몸을 뒤척이고, 기고, 일어서고, 걷습니다. 그리고 걸으면서부터 말을 어눌하게 한 마디씩 합니다. 그렇게 해서 두 살 어린이는 '사람다운 사람'이 되었습니다. 그리고 세 살 어린이는 사람답게 살아가려고 온 마음과 힘을 다합니다.

우리는 이러한 세 살 어린이의 세계를 위대한 흉내쟁이의 세계라고 이름 붙였습니다. 인류의 역사를 연구하면서 우리 선배들은 일찍이 사람을 '호모 사피엔스'라고 했습니다. 생각하는 사람이라는 뜻입니다. '호모 파베르'라고도 했습니다. 도구를 쓰는 사람이라는 뜻입니다. 글자 그대로 세 살 어린이는 이제부터 생각하는 사람, 도구를 쓰는 사람으로 살아갑니다.

그러면 세 살 어린이는 어떻게 해서 생각하는 사람, 도구를 쓰는 사람으로서 살아갈까요? 그 본보기는 바로 어른입니다. 세 살 어린이는 어른의 행동, 어른의 몸짓, 어른의 삶을 자기 삶 속으로 받아들이고, 흉내내면서 사람으로서 삼 년째 되는 삶을 살아간다고 할 수 있습니다.

그러면 어떤 활동부터 하는 것일까요? 바로 온몸 운동부터 합니다. 세 살 어린이는 이제부터는 두 발로 꼿꼿하게 서서 완전히 자유롭게 걸을 수 있습니다. 달리기도 하는데 아직 잘 달리지는 못합니다. 한숨에 곧바로 내달리려면 조금 더 있어야 합니다. 하지만 달릴 수는 있습니다. 껑충 뛸 수도 있는 것처럼 보이지만 아직 불안합니다. 뛰어내리고 싶어하지만 한 마디로 용기를 내지 못합니다. 그러나 한편으로는 힘이 들지 않는 것처럼 보이는 온몸 운동을 할 수 있는 곳이 있어야 할 단계가 된 것입니다. 세 살 어린이들은 어떤 곳에서 활동하기를 바랄까요?

세 살 어린이들은 반드시 자기 둘레에 어른이 있는 곳에서 걷고, 달리고, 뜁니다. 세 살 어린이들은 쓸쓸한 세계를 사랑하지 않습니다. 자기 둘레에 어른이 있고, 그 어른이 행동하는 것을 흉내내려고 합니다.

그렇다고 해서 어른은 어린이들이 그렇게 걸을 수 있다면, 달릴 수 있다면, 뛸 수 있다면 하고 욕심을 부려서는 안 됩니다. 어린이들은 자기 생각을 몸에 새겨 넣는 것처럼 모든 일을 시험삼아 해 보면서 장난꾸러기가 됩니다. 그 장난은 높은 경지에 올라 있습니다. 어른들의 몸짓을 흉내내고, 짓궂게 장난을 치면서 손과 손가락이 정교하고 치밀하게 발달해 갑니다.

손과 손가락의 발달

두 살 중반 무렵에 걸을 수 있는 어린이들은 대상을 가리키는 손가락질을 합니다. 물론 그들이 흥미로워하는 곳을 똑바로 가리키지는 못합니다. 자기가 좋아하는 어른과 눈을 마주치고, 그렇게 눈을 마주치면서 생각도 하고, 그리고 "엄마, 선생님, 이 쪽 봐요." 하고 말하는 것처럼 자기가 흥미로워하는 것에 손짓을 합니다. 손짓을 하면서 아이들은 "음마, 음마." 하는 소리를 냅니다. 손과 손가락이 말을 하게 만든 것입니다. 그것이 두 살 어린이의 세계입니다.

하지만 세 살이 되면 "뿡, 뿡.""맘마, 맘마." 하고 어눌하게 말하기도 하지만, 오히려 이렇게 어눌하게 말하지 않고 언어의 최대 기능이라 할 수 있는 이름 붙이는 일을 어떻게든 스스로 해 보려고 애씁니다. "이거 뭐야?""뭐야?" 하면서 "물건에 이름이 있어, 그 이름을 가르쳐 줘." 하고 말하듯이 어른에게 말을 겁니다. 두 살 어린이에게는 어린이가 손가락질한 쪽으로 어른도 손가락질을 하고 "자동차네, 뿡뿡이네." 하고 확인시켜 줍니다. 그러나 세 살이 되면 어린이는 머릿속에서 손가락질을 합니다. 그것이 눈길입니다. 어른은 그 눈길을 알아차리고 "뿡뿡이네.""맘마, 맘마네." 하고 말하지 않고 확실하게 "자동차야.""밥이야." 하면서 사물의 진짜 이름을 말해 줘야 합니다. 그런 것을 어린이들은 바라고 있습니다.

세 살 어린이들은 어른처럼 말하고 싶어합니다. 어른처럼 말을 하고, 어른들이 이야기하며 사는 세계로 들어가고 싶어합니다. 멋진 일입니다. "뿡, 뿡.""맘마, 맘마." 하던 어린이들이 "기다려.""차례대로." 같은 어려운 말까지 할 수 있습니다. 어떻게 해서 그렇게 될 수 있을까요? 자기 둘레에 있는 사물에 말참견을 하고, 그 사물에 관심을 기울이고 그것을 다뤄 보려고 말을 거는 것입니다. 생각한 대로는 다룰 수 없지만 다뤄 보고 싶다는 마음을 채우려고 열심히 말로 표현합니다. 그 힘이 손과 손가락을 정교하게 만듭니다.

손과 손가락은 어떤 사물을 만지작거리는 것만으로는 정교해지지 않습니다. 세 살 어린이는 병뚜껑을 돌리고, 종이 모서리를 잘 맞춰 접고,

가위로 종이를 한 번에 자를 수 있고, 점토를 떼어 내고 늘리고 동그랗게 만들 수 있습니다. 어린이는 손과 손가락이 정교하고 치밀해져야 어른에게 적극 다가갈 수 있습니다. '나도 이제는 어른같이 잘 한단 말이야.' 하는 자신감이야말로 참된 표현 활동을 낳습니다. 그러므로 우리는 어린이를 돌보면서 어린이의 손과 손가락이 정교하고 치밀해지도록 해 주어야 합니다.

어린이가 사물을 돌리고, 접고, 가위로 자를 수 있다고만 해서 말을 할 수 있는 것은 아닙니다. 어린이 둘레에 다른 어린이들이 있고, 그 속에 어린이가 재미있어할 만한 사물과 흉내내어 보고 싶은 어른이 있어야 합니다. 자연스럽게 손과 손가락이 정교해지고, 말을 익혀 가는 것은 아닙니다.

여러 낱말로 말하기

세 살 어린이는 '차례대로' 라는 말을 확실하게 이해합니다. 하지만 차례라고 하는 말을 알면서도 아직 무엇을 기다리는지, 무엇을 차례대로 하는지는 이해하지 못합니다. 한 가지 사실을 한 가지 말로 표현할 수는 있지만, 아직 차례대로는 말하지 못합니다. 그리고 그 차례라는 것이 무엇인지도 이해하지 못합니다.

그렇지만 점점 그 차례가 무엇인지 이해해 갑니다. 온몸 운동을 하거나 손과 손가락으로 사물을 다루면서 '이렇게 하면 이렇게 되는 것' 을 이해해 나가기 때문입니다. 행동, 조작과 결과 사이에 있는 인과 관계를 이해해 가는 것입니다. 이렇게 발전하는 것은 단순히 명사 두 개를 섞어 문장을 만드는 시기를 지나서 어떤 현상을 어른에게 전하고 싶어하는 마음을 여러 낱말을 섞어 말로 표현하는 시기로 넘어가기 때문입니다.

이 시기에는 어른한테 도움을 받지 않고 스스로 무엇인가를 하려고 애쓰기도 합니다.

하지만 어린이들은 아직 자기가 바라는 것을 제대로 말로 표현하지 못하기 때문에 어른들은 어린이가 무엇을 바라는지 이해할 수 없을 때가 있습니다. 그럴 때 어린이는 칭얼거리고 떼를 씁니다. 어린이 자신도 처음에는 무엇 때문에 칭얼대고 떼를 썼는지 알고 있지만, 어른들이 자기가 바라는 것을 좀처럼 알아듣지 못하면 왜 떼를 썼는지 잊어버리고 더더욱 칭얼대고, 어른들도 아이들이 왜 칭얼대는지 더욱 알 수 없게 됩니다.

그런 세계에서 벗어나려고 해서 그런지 어린이들은 어른이 알아 줄 것 같은 세계를 찾아 냅니다. 그것이 상상놀이의 세계입니다. 어른들이 하고 있는 것을 그대로만 하면 어른도 이해할 것이고, 자신도 무슨 행동을 하는지 분명해집니다. 어린이들이 상상놀이를 할 때 어떤 표정을 짓고 있는지 보십시오. 얼굴 가득 환하게 웃고 있습니다.

상상놀이를 할 때 아이들은 정말로 펑펑 말을 쏟아 놓습니다. 그러나 아직 조사를 제대로 쓰지 못하고 낱말이나 명사를 늘어놓습니다. 하지만 문장으로 표현하려고 애쓰기도 합니다. 그럴 때는 말하다가 나 몰라라 하고는 말을 내던져 버리기도 합니다. 어른이 "왜 그러니?" "그래서?" 하고 물으면 더더욱 이해하지 못합니다. 하지만 어른이 물어 보는 것을 좋아합니다.

정말로 '위대한 흉내쟁이'는 어른이 하는 것을 흉내내고 그것을 모두 이루고 싶어할 뿐만 아니라, 어른들 세계에 살려고 마음먹습니다. 그러므로 세 살 어린이를 더욱 풍성하게 살아가게 하려면 어린이 세계에서 살 수 있는 어른이 있어야 합니다.

싹트는 자아

당연한 일이지만 어린이는 독립된 인격체입니다. 그 사람 됨됨이가 눈에 띄기 시작하는 것은 세 살 무렵이 아닐까 싶습니다. 잘 걸을 수 있고, 서툴지만 달리거나 뛸 수 있고, 손과 손가락으로 사물을 다루는 솜씨도 늘고, 스스로 숟가락을 들고 음식을 떠 먹을 수 있고, 어른이 "잘 먹겠습니다." 하면 나름대로 "잘 먹겠습니다." 할 수 있고, "나도 사람이야, 나도 어른처럼 할 수 있어." 하고 말이라도 할 듯합니다. 집단의 힘을 빌려서 말을 배우면 배울수록 '내가'라는 생각이 싹트는 것 같습니다.

이 시기에 어린이는 어른이 되어서도 쓸 수 있는 말을 배웁니다. 세 살 무렵에 쓰는 "아니야." "싫어." 하는 말이 그렇습니다. 어른들도 이 때는 어린이가 잘 걷고, 서툴지만 달리거나 뛸 수 있고, 어른이 하는 말을 이해할 수 있다고 생각해서 예의범절을 가르치기 시작합니다. 어른은 어린이가 사회에서 사람답게 살아가도록 하려고 예의범절을 가르칩니다. 어린이 처지에서는 요구당하고 관리되고 있다고 생각할지도 모릅니다. 그것이 "싫어." 하는 말을 싹트게 합니다.

어린이는 '내가' 하는 의식이 싹트면 "싫어." 하고 말합니다. 우리는 네 살 어린이의 세계가 이러한 세계의 전형이라고 생각하고 있습니다. 말하자면 '유아독존의 세계'입니다. 이러한 세계가 싹트는 시기가 세 살 시기입니다.

예를 들면, 엄마가 "이렇게 하면 어때?" 하면 벌써 그렇게 하려고 했다고 말하듯이 "안 해." "싫어." 하고 말합니다. 견주는 것을 싫어하기 시작하는 시기라고도 할 수 있습니다. 자신이 입는 옷에도 관심을 가져서 물에 빨아서 아직 마르지 않은 옷을 입으려고도 합니다.

사람으로 산 지 삼 년밖에 안 됐지만 이렇게 어른들한테 무엇을 해 달라고 바라고 있습니다. 확실하게 살고 싶다는 생각이 생겼기 때문일까요? 바로 그렇습니다. 그런 세계가 생긴 것입니다.

이렇게 확실한 세계가 생겨난 것은 확실한 어른이 있기 때문입니다. 세 살 어린이는 어른처럼 해 보고 싶지만 그렇게 되지 않는다는 모순을 메우기 위하여 사방팔방으로 애를 씁니다. 이런 어린이를 어른이 돌보고, 참고 기다리면 어린이는 자아가 뚜렷하게 싹틉니다. 그러나 어른이 바빠서 기다리지 못하면 어린이들은 "싫어, 싫어." 하며 고집을 부립니다.

시간은 끝이 없다는 듯 어린이는 어른 앞에서 "나는 사람이다, 나도 사람이다." 하듯이 버틸지도 모릅니다. 그렇지만 그렇게 끝까지 버티지 못하기 때문에 세 살 어린이는 귀엽습니다. 부모들이 아이가 참 귀엽다고 말하는 나이는 부모 손이 많이 가지만 부모가 말하면 아이가 따라 하는 서너 살 때입니다. 그러나 어른이 어린이는 뭐든지 할 수 있다고 생각해서 예의범절을 가르치려고 하면, 어린이들은 하고 싶지만 할 수 없다는 쓸쓸한 모순을 메우는 방법을 잊어버리고 저항합니다.

제 1 반항기는 유아기라고 하지만, 오히려 사람다운 반항은 이 시기부터 합니다. 부모와 교사가 서둘러서 어린이가 자립하기를 바라면 어린이는 철저하게 반항할 것입니다. 말하자면 이 시기에는 아직 여럿이 모여 무리를 이루지는 못하지만 심하게 떼를 씁니다. 울며 안아 달라고 할 때, 무엇인가 다른 세계에 관심을 기울이게 하면 그 세계에 눈길을 돌리고 그것으로 안심합니다. 세 살 어린이는 이런 세계에 눈뜹니다.

어린이는 기대면서 자립합니다. 기대고 자립하는 모순 속에서 그 모순을 메우기 위해 어른에게 기대면서 자립해 갑니다. 착 달라붙어 응석을 부리거나, 몇 번이고 "안아 줘." 하고 보챕니다. 하지만 부모나 동무들이 있으면 뜻밖에 똑똑하게 일을 해냅니다. 응석을 받아 줄 사람이 있기 때문에 자립하는 것입니다. 그렇기 때문에 어른은 어린이가 기대고 싶어하는 사람이 되어 주어야 합니다. "안아 줘." 하지 않아도 아이가 옆으로 오면 잠깐 안아 주면 됩니다. 어른이 "왜 그러니?" 하고 묻지 않아도 손을 쥐고 안아 주면 어린이는 뭐라고 말을 합니다. "그래, 그랬니?" 하기 무섭게 어린이는 어른 무릎을 떠나 생기발랄하게 이곳저곳을 기웃거리며 돌아다닙니다. 아직 어린이들은 동무들 사이에서 기대면서 자립한다는 마음을 표현하지 못합니다. 그것이 세 살 어린이입니다. 유아기에는 좋아하는 동무들과 관계를 맺으면서 기대고 싶어하는 마음을 채웁니다. 그러나 세 살 어린이는 아직 어른과 관계하면서 기대고, 어린이들 속에서 자립합니다. 그것이 세 살 어린이의 자아입니다. 결국 이 시기의 어린이는 자기 생각을 어른에게 전하고 그것을 어른이 알아 주기만 하면 기뻐합니다. 그리고 그 기쁜 마음을 동무들에게 전하려고 어른을 중재자로 삼아 동무들 사이로 들어갑니다. 그것이 바로 놀이입니다.

세 살 어린이는 어른과 관계를 맺으면서 반항하고, 어른이 그렇게 반항하는 것을 받아 주지 않으면 동무들한테 반항합니다. 세 살 어린이는 어른들이 모두 위대해 보이므로, 어른과 마음을 나눠야 동무와 마음을 나눌 수 있습니다. 어른에게 반항하고, 그것이 만족스러우면 동무와 마음을 나눌 수 있습니다.

그렇기 때문에 세 살 어린이를 담당하고 있는 교사는 어린이들에게 행동을 억제하는 예의범절을 가르칠 것이 아니라, 안아 주거나 볼에 입을 맞춰 주어야 합니다. 그래야 어린이들이 참된 자아에 눈뜨고 자립하는 마음을 기를 수 있습니다. 이러한 어른들이 있어야 어린이는 동무들 사이에서 자신과 다른 사람을 생각합니다. '다른 사람을 만나면서 자신을 생각한다.'는 것인데, 어린이는 다른 사람과 어떻게 관계를 맺어야 할지 아직 모릅니다. 어린이는 다른 사람을 어떻게 만나면 좋을지 모르는 세계에 살면서, 어른이 "이렇게 하면 즐거워요." 하고 말하면서 자기와 놀아 주기를 기다리고 있습니다. 어린이는 사람으로 삼 년째 살아가면서 어른을 흉내내면서 동무들과 사귀고, 동무들 사이에서 자신을 발견합니다.

세 살, 위대한 흉내쟁이

어른과 함께 동무를 사귄다

세 살 어린이는 어른을 사이에 두고 어린이들과 서로 관계를 맺으면서 자기 세계를 풍성하게 창조해 갑니다. 작은 일 때문에 어린이들끼리 싸우고 울면 어린이들은 반드시 어른에게 옵니다. 그럴 때 어른이 과장해서 "왜 그러니?" 하고 물어 보면 왜 울었는지 잊어버린 것처럼 바로 웃습니다. 어른이 물어 보면 만족하는 것 같습니다.

어린이와 어른이 관계를 맺고 그 어른이 어린이들끼리 서로 관계를 맺게 해 줄 때 어린이들은 동무를 만들 수 있을지도 모릅니다. 그와 함께 어린이는 동무를 생각하고 있습니다. '내가' 하는 자아도 싹틉니다. 그 '내가' 하는 자아도 어른에게 인정을 받아야 '내가' 가 됩니다. 이것이 세 살 어린이의 인격 발달에 나타나는 가장 큰 특징입니다.

네 살 무렵이 되면 어른이 인정하든 안 하든 '유아독존' 의 세계로 들어가기 때문에 앞뒤 생각 없이 덮어놓고 제 고집대로 합니다. 말 그대로 저항하고 반항합니다.

세 살 어린이는 아직 거기까지 가지 못했습니다. 그렇기 때문에 어른이 어린이 하나하나를 소중히 여기고 친절하게 눈을 맞추고 손을 잡아 주어야 합니다. 어른이 웃고 마주 보면 어린이들은 서로 관계를 맺고 집단으로 살아갈 수 있습니다. 어른이 있고 나서 동무들이 있습니다. 어른이 행동하는 것을 어린이들은 흥미롭게 바라봅니다. 이렇게 어른들 모습을 재미있어하면서 어린이는 상상놀이를 합니다.

상상놀이가 꽃피는 시기

어린이는 보통 역할놀이를 좋아합니다. 하지만 아직 세 살 어린이는 역할놀이의 세계에 완전히 들어가 있지 못합니다. 말하자면 세 살 시기에는 역할놀이에 눈뜬다고 말할 수 있습니다. 아직 역할놀이를 어떻게 하는지 모르지만 하고 싶어합니다. 네 살쯤 되면 어른처럼 해 보고 싶지만 안 된다는 모순을 나름대로 훌륭하게 메웁니다. 이른바 역할놀이의 세계로 빠져듭니다. 그렇게 되면 진짜 역할놀이의 세계가 생깁니다.

이제 막 세 살이 된 어린이는 아직 거기까지는 가지 못했습니다. 세 살 어린이는 상상놀이를 하는 데 머물러 있습니다. 세 살 어린이는 부모나 교사가 어린이의 행동을 예쁘게 봐 줄 때 제대로 상상놀이의 세계에 빠져들 수 있습니다. 말하자면 어른이 상상놀이를 할 수 있어야 합니다. 어른이 어린이와 함께 공감할 수 있어야 어린이는 상상놀이를 할 수 있고, 또 더욱 폭넓게 할 수 있습니다.

어린이는 "뭐 하고 있니?" 하는 말투를 받아들이지 않습니다. "재미있어 보이는데." "보자, 같이 보자." 하는 말을 받아들입니다. 교사가 세 살 어린이가 되어 세 살 어린이가 흉내내고 싶어하는 위대한 어른이 되어야 합니다.

이런 세계는 여러 활동 속에서 나타납니다. 놀이를 예로 들어 봅시다.

어린이들은 모래밭에서 놀고만 있지 않습니다. 수돗가에 가서 물통에 물을 채워 들고 오려고 합니다. 하지만 아직 혼자서는 모래밭까지 들고 올 수 없습니다. 지켜보고 있으면 어린이들은 물통에 물을 넣고 또 넣기만 합니다. 자신이 얼마 만큼 무거운 것을 들 수 있는지 아직 모릅니다. 물통에 물을 가득 채우려고만 합니다. 물이 넘치려고 하면 그제서야 수도꼭지를 천천히 잠그고 물통을 들려고 합니다. 하지만 들어올리지 못합니다.

그러면 어떻게 할까요? 어떤 아이는 물통에 담긴 물을 계속 흘리면서, 모래밭에 물을 옮기려 하던 것도 잊어버리고 흐르는 물을 보며 재미있어합니다. 어떤 아이는 수도를 잠그고 선생님께 알리러 가겠지요. 하지만 무엇을 알려 줘야 하는지도 모릅니다. 교사가 "왜 그러니?" 하고 물어 봐도 어린이는 "물, 저것." 이라고 말할 뿐입니다. 아직 문장으로 말할 수 없습니다.

그럴 때 교사가 "그래, 그렇구나, 물이야. 선생님도 함께 갈까?" 하면 어린이는 수도로 달려가서 "여기." 하고 손으로 가리킵니다. 교사가 그 물통을 모래밭으로 가져다 주려 하면 "나도." 하고 물통 모서리를 잡고 함께 가겠지요. 영차영차하면서 자신이 물을 들고 온 듯이 행동합니다.

겨우 물을 가져왔지만 어린이 혼자서는 한 번에 모래밭에 물을 부을 수 없습니다. 조금씩 부으려고 할지도 모르겠습니다. 그럴 때, 여러 아이들이 몰려와서 와, 하고 함께 쏟아 부으려고 할지도 모릅니다. 아이들은 자신들이 한 것을 보고 깜짝 놀라겠지요. 그 때 교사가 "잘 했어, 참 잘 했어." 하고 말을 건네면 어린이들은 새로운 세계를 만나고, 물에서 노는 것을 흥거워하고, 모래나 물이 흐르는 것을 기뻐하고, "해냈다, 해냈다." 하는 얼굴로 웃을지도 모릅니다. 그런 관계가 쌓이고 쌓여 상상놀이의 세계가 꽃핍니다.

전차타기놀이 같은 놀이는 아직 못 하지만, 교사가 어린이가 하고 싶

어하는 놀이일 것이라고 생각하고 어린이 처지에서 생각할 때만 어린이
는 상상놀이의 세계를 꽃피울 수 있습니다.

어린이 인격을 소중하게

어린이들은 태어나서 삼 년째 되는 생활을 지칠 줄 모르고 해 나갑니
다. 말도 그 나름대로 배우고 있습니다. 나름대로 다른 사람도 생각합니
다. 그러면서 어린이들은 자기라는 것을 나름대로 생각합니다. "싫어."
하는 말도 자주 합니다. 이 시기에는 자신이 이해하지 않으면 하지 않겠
다고 생각합니다.

아이들은 생활 경험이 다르면 태어난 달이 같아도 자랄 때 저마다 차
이가 납니다. 잘 걷고 잘 달려도 손과 손가락 솜씨가 서툴거나, 손과 손
가락 솜씨가 좋아도 잘 달리지 못하기도 합니다. 사람은 이 때부터 발달
에서 '개인차' 가 생기는지도 모르겠습니다. 우리는 이 모습을 독자성이
라 하고 싶습니다.

부모와 교사들은 아이들을 서로 견주어 '우리 아이는' '저 아이는' 하
고 생각합니다. 그리고 '우리 아이는 여기가' '저 아이는 저기가' 하는
생각에 사로잡혀 그것만을 어떻게 바꾸고 싶어하기도 합니다. 그러면
세 살 어린이의 세계는 잘못 만들어집니다. 어린이가 잘 하는 것은 더욱
갈고 닦아 주고, 아직 잘 못 하는 것은 잘 하도록 해 주어야 합니다.

세 살 어린이의 세계는 '위대한 흉내쟁이' 의 세계라고 하지만, 흉내내
야 할 좋은 사람을 만나지 못하면 더욱 더 개인차가 크게 납니다. 이것
은 네 살이 되었을 때 더욱 두드러지게 나타납니다. 그것을 네 살이 되
어 메울 수 있으면 좋겠지만 메울 수 없으면, 물을 무서워하고, 다 함께
어울리는 것을 싫어하고, "선생님, 선생님." 하고 달라붙어 어리광부리

는 응석받이가 되고 맙니다.

아이는 아이 나름대로 품위와 인격이 있습니다. 그 인격을 소중하고 신중하게 받아들이고, 귀여워하고 아끼면서 키워야 합니다. 세 살 어린이가 자기 속에 들어 있는 힘이나 뛰어난 점을 가장 잘 드러내고, 흙과 물과 모래와 진흙으로 상상놀이를 잘 한다면 이제 네 살 어린이의 세계로 가고 있는 것입니다. 그런 어린이들로 키워야 합니다. 세 살 어린이의 세계를 세 살 어린이가 마음껏 누리게 해 주고, 정성껏 돌보고 키워서 세 살 어린이들이 자기가 세 살인 것을 행복하게 느낄 수 있도록 해 줘야 합니다.

세 살 어린이 보육표

그러면, 지금까지 살펴본 어린이의 발달과 보육의 관계를 알기 쉽게 나타내 보겠습니다.

다음에 나오는 표 '세 살 어린이의 세계를 풍성하게'는 보육 방법을 쉽게 알아볼 수 있도록 정리한 것입니다. 우리는 이것을 정리하기 위해서 여러 가지 실천을 많이 하고 부모, 보육 기관, 어린이집과 유치원 교사, 연구자들이 모여 셀 수 없이 토의를 해 왔습니다. 그리고 다음과 같은 목표를 세울 수 있었습니다.

첫째, 아이의 발달 절차를 확실하게 세우자.

둘째, 아이를 발달시키기 위한 활동을 확실하게 정하자.

셋째, 아이들의 일상 생활을 풍요롭게 하자.

넷째, 아이도 부모도 교사도 모두 힘을 모아 조금씩 노력하면 풍요로워질 수 있고, 안심할 수 있도록 실천 지침을 마련하자.

다섯째, 한 사람 한 사람이 실천해 온 경험을 소중히 하면서, 더 확실하게 보육 내용을 창조하는 것을 목표로 하여 보육 실천에 과학의 빛을 비추자.

이러한 목표를 세우고 실천을 분석하면서 우리는 보육 구조를 더욱 깊이 이해해야 한다고 생각했습니다. 어린이 집단을 기본으로 하면서, 보육 내용을 어떻게 구성해야 아이 하나하나가 잘 발달할 수 있고, 계획과 전망을 갖춘 보육 구조를 만들어 낼 수 있을지를 고민해 왔습니다.

우리는 아이들이 진정으로 생명과 건강을 지킬 수 있는 사회 조건을 만들기 위하여 다음과 같은 보육 구조를 이끌어 냈습니다.

첫째, 적어도 한 살 때부터 학교에 들어갈 때까지 아이들 한 사람 한 사람에게 맞는 개인 발달 단계를 다루고, 온몸 운동, 손 운동, 표현과 언어로 대표되는 이해 단계와 집단의 발달을 서로 비교, 연구하며 그 발달 절차를 다루는 것입니다. 발달 절차에 따른 내용에서는 '할 수 있더라도 시켜서 안 되는 것은 시키지 않지만, 할 수 없더라도 시켜야 하는 것은 시킨다.'는 점을 중요하게 생각했습니다.

둘째, 아이마다 발달 상황을 짚어 나가면서 아이들이 스스로 움직여야 하는 중심 활동을 분명히 하고, 그것을 일상 생활에서 나타낼 수 있도록 하는 것입니다.

셋째, 위 두 가지를 늘 생활의 관점에서 확실하게 이해하고, 아이들이 아주 당연한 일상 생활 속에서 소중하게 하고 싶은 일을 할 수 있게 하는 것입니다.

굳이 이러한 생각을 도표로 만들면 다음과 같이 될 것입니다. 화살표는 발달 연관에 근거를 두고 중요하게 생각해야 할 방향을 나타낸 것입니다.

그림 1 개인 발달 단계

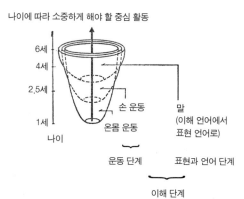

나이에 따라 소중하게 해야 할 중심 활동

6세
4세
2.5세
1세

나이

손 운동
온몸 운동

말
(이해 언어에서
표현 언어로)

운동 단계

표현과 언어 단계

이해 단계

그림 2 개인과 집단 발달 단계

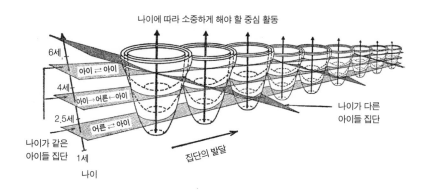

나이에 따라 소중하게 해야 할 중심 활동

6세
아이 ⇌ 아이
4세
아이→어른←아이
2.5세
어른 ⇌ 아이
나이가 같은
아이들 집단
1세
나이

집단의 발달

나이가 다른
아이들 집단

표 1 세 살 어린이 세계를 풍성하게

온몸 운동	〈걷기〉 • 넘어지지 않고 잘 걷는다. 〈뛰기〉 • 떼뚝떼뚝하며 뛰고, 점점 팔을 휘두르면서 달린다. 〈뛰어넘기〉 • 허리를 굽히고 두 다리로 높은 곳에서 뛰어내린다.	〈던지기〉 • 힘을 주어서 발을 넓히고 냅다 던진다. 점점 한쪽 다리에 힘을 준다. 〈한 발 들어올리기〉 • 한쪽 다리를 들어올려서 균형을 잡는다. 〈층계〉 • 발을 번갈아 내놓으면서 올라가고, 내려올 때는 한 층계씩 발을 맞춰 가면서 내려온다.
손 운동	〈돌리기〉 • 병뚜껑 같은 것을 자유롭게 열고, 잠그고, 돌리는 것을 즐긴다. 〈종이접기〉 • 어른이 접는 것을 흉내내고, 모서리를 맞춰서 접으려고 한다. 손끝과 손바닥으로 누	른다. 〈가위〉 • 한 번에 자를 수 있다. 〈점토〉 • 주무르고, 길게 늘이고, 둥글게 뭉친다.
말하기	〈이해 언어〉 • "차례대로 하자."는 말을 알아듣고 확실하게 기다린다. • '크다, 작다.' '많다, 적다.'를 이해한다. • 그림책 줄거리를 이해한다. 〈표현 언어〉	• "이게 뭐야." 하며 잘 묻고, 들으면서 확인하기를 바란다. • "……요, ……어, ……다." 같은 말을 한다. • "기다려요." "차례대로 해." 하고 잘 말한다 • "……하고, ……와"를 잘 말한다.

집단 생활	어른을 대할 때	• 어른 손을 빌리지 않고 행동하려고 한다.
	어린이를 대할 때	• 울고 있는 아이를 위로하고 달래 주려고 왔다 갔다 한다. • 상상놀이를 여럿이 함께 한다. • 아이들끼리 "놀자." 하고 동무들을 부르기도 한다. • 자기가 바라는 것을 말하지 못해서 서로 부딪친다.

중심 활동	• 상상놀이를 한다.

소중하게 해야 할 활동	건강, 안전	• 위험을 잘 판단하지 못하므로 잘 보살펴야 한다. • 뛰어 보고 싶다고 생각하는 것과 실제로 뛸 수 있는 힘에 차이가 나므로 위험하지 않게 배려해야 한다. • 콧물이 나오거나, 옷이 젖거나 하면 스스로 처리할 수 있게 돕는다. • 예방 접종을 한다. • 몸을 단련한다. • 손과 발, 얼굴을 씻는다. • 옷을 얇게 입는다. • 맨발로 지내본다. • 나들이를 한다. • 이를 닦는다.

소중 하게 해야 할 활동	음식	• 여럿이 함께 즐겁게 먹을 수 있는 분위기를 만든다. • 밥과 간식은 더 먹을 수 있게 많이 준비해 놓는다. • 음식을 가려먹지 않도록 지도한다. • 격려해 가면서 잘 먹을 수 있게 돕는다. • 다른 아이들보다 너무 오랫동안 먹지 않게 보살핀다. • 숟가락, 포크, 그릇을 올바로 쓸 수 있게 가르친다.
	생활 습관	• 일정한 리듬으로 지낼 수 있게 배려한다. • 생활 습관을 세우는 것을 목표로 하여 지도한다. 〈똥오줌 누기〉 • 오줌 마려운 것을 느끼게 하고, 화장실에서 눌 수 있게 가르친다. • 뒤처리를 할 수 있게 가르친다. 〈옷 입고 벗기〉 • 스스로 옷을 입고 벗으며 좋아할 수 있도록 해 준다. 〈잠자기〉 • 이부자리 속으로 들어가면 조용히 잘 수 있게 노래를 부르거나, 편안하게 해 준다. 〈심부름〉 • 어른들 기분에 맞추려고 하기 때문에 심부름 같은 것을 적극 시킨다.
	놀이	• 바깥 놀이를 마음껏 할 수 있도록 한다. • 모래놀이, 진흙탕놀이, 물놀이(수영장 물놀이)를 마음껏 할 수 있게 하고, 삽 같은 도구를 써서 상상놀이를 즐기게 한다. • 뛰고, 걷고, 넘고, 기어 올라가는 기본 운동을 할 수 있는 놀이를 마음껏 하게 한다. • 엄마놀이, 아빠놀이 같은 초보 수준의 역할놀이를 시작한다. 역할놀이를 할 때는 동무들과 관계를 잘 풀어 가도록 지도한다. • 여럿이 함께 그림을 그릴 수 있도록 하고, 여러 가지 동그라미에 뜻을 붙여 이야기를 하게 하고 들어준다. • 그림책, 종이 연극 같은 것을 골라 모두 함께 즐기고, 상상놀이와 역할놀이를 많이 할 수 있게 한다. • 가위를 갖고 물건을 자르고 여럿이 함께 놀게 한다. • 손장난, 노래, 리듬 운동을 다 함께 즐기게 한다. • 여럿이 함께 노는 놀이를 중요하게 하고 모둠 아이들과 관계를 잘 맺도록 한다. • 어린이마다 마음껏 힘을 드러낼 수 있는 놀이를 하면서 서로 인정할 수 있도록 한다.

2

세 살 어린이 보육 계획

소중하게 해야 할 활동
활동을 잘 하기 위하여
네 살 어린이 세계를 내다보며

소중하게 해야 할 활동

상상놀이

어린이들은 세 살 시기가 되면 같은 달에 태어났더라도 저마다 다른 모습으로 발달합니다. 두 살 중반 무렵에는 어떤 아이든지 그다지 큰 차이가 없지만, 세 살 후반기쯤 되면 차이가 아주 많이 납니다. 부모나 교사는 세 살 어린이를 기계처럼 생각해서는 안 됩니다. 이 시기는 발달 상황에서 차이가 나타나면서, 개인차가 생기는 시기이기도 합니다.

그러므로 교사가 지금 무엇을 소중하게 해야 하는지 잘 이해해야 아이들마다 차이가 많이 나지 않고, 다음 단계로 나아갈 수 있습니다. 말하자면 세 살 어린이 반에서는 되도록 모든 어린이를 세 살 어린이답게 키우는 것이 가장 큰 목표입니다.

부모와 어린이들은 좋은 교사를 만나고 싶어합니다. 바람직한 교사가 되려면 대체로 다음 세 가지 조건을 갖추어야 합니다.

첫째, 이 시기가 되면 어린이는 열이 조금 나거나, 몸이 좀 안 좋아도 잘 움직이고, 부지런히 돌아다닙니다. 이것을 괜찮다고 생각하여 건강을 제대로 돌보지 않으면 안 됩니다. 사람답게 산 지 이제 겨우 만 일 년이 지났기 때문에 사람답게 살 수 있게 건강을 보살펴 주고, 더구나 생활 리듬을 확실하게 유지하도록 해 줘야 합니다. 말하자면 어린이가 하루 스물네 시간을 사람답게 살 수 있도록 어른이 시간을 조정해 줄 수 있어야 합니다. 시간은 문화입니다.

둘째, 어린이들은 동무를 생각하고 쓸데없이 말참견이나 간섭을 하고 나섭니다. 또 옆에 있는 사물도 시험삼아 건드려 봅니다. 개인차가 있다고 해도 아이들이 관심을 기울이는 사물은 대체로 같기 때문에 서로 빼앗으려 하고 싸움도 합니다. 아이들이 사물을 서로 먼저 가지려고 할 때는 교사가 "차례대로 해요.", "돌아가며 해요.", "그래 ○○가 먼저 말했다.", "기다려요." 하면서 조정해 줍시다.

이 시기는 부모와 어린이, 어린이와 교사로 관계를 맺는 시기로 어른이 관계에서 중심이기 때문에 어린이들은 부모나 교사와 관계를 맺으려고 합니다. 그러므로 이 시기는 어린이와 어른, 그리고 어린이라는 관계가 중요합니다.

그러나 아직 말을 제대로 하지 못하기 때문에 표현하고 싶은 것을 모두 어른에게 말할 수는 없습니다. 교사는 어린이가 어른에게 무엇을 바라고 있는지 생각해야 합니다. 프랑스의 심리학자 왈롱은 이러한 관계에서 중요하게 해야 할 것으로 '피매개성의 원리'를 내세웠습니다. 어린이는 중재자가 있어야만 어린이끼리 관계를 맺습니다. 때로는 어른이, 때로는 사물이 중재자가 됩니다. 세 살 어린이는 사물 자체보다 어른이 관계를 맺고 있는 사물을 중재자로 삼을 때가 많습니다. 그렇기 때문에 교사는 교재를 잘 골라야 합니다.

셋째, 어린이 발달에서 무엇이 필요한지 잘 생각해야만 합니다. 어린이들은 건강하면 이 시기에 활발하게 움직이며 돌아다닙니다. 쓸쓸한 것을 좋아하는 어린이는 없습니다. 언제나 바깥세상에 다가가려고 합니다. 무엇인가를 하고 싶어하는 기운과 마음이 있습니다. 이 모습이 세 살 어린이의 모습입니다. 교사는 어린이가 무엇을 하고 싶어하는지, 무엇을 바라는지 꿰뚫어 볼 수 있어야 합니다.

이러한 것을 정확하게 판단하여 어린이를 키우기 위해서는 보육 구조를 생각하며 계획을 세워야 합니다. 그리고 그것을 어떻게 발전시켜 갈 것인가를 생각해야만 한 해 계획을 세울 수 있습니다. 다시 말하면, 어린이가 진정 건강하게 생활해야 한다고 생각하면서 어린이가 바라는 것을 알아차리고, 그 바람을 뚜렷한 활동으로 펼쳐 나갈 수 있게 해야 합니다. 어린이는 단지 바깥세상에 다가가고 싶어하기 때문에 세 살 어린이에게는 바깥세상이 있어야 한다고 이해해야 합니다.

교사는 어린이가 어떠한 세상을 바라는지 잘 판단해서 어린이가 제대로 발달할 수 있는 바깥세상을 찾아야 합니다. 이렇게 하기 위해서는 온몸 운동에서 손과 손가락으로 사물을 다루는 기능이 어느 만큼 발달했는지 살피고, 손과 손가락을 제대로 움직여 사물을 갖고 놀 수 있도록 넓은 곳을 마련해 주어야 합니다. 그리고 실제 사물과 모양이 바뀌는 소재를 갖고 놀 수 있는 바깥세상, 다시 말하면 활동할 수 있는 곳을 마련해 주어야 합니다.

그러나 사물을 혼자서 다루는 것만으로는 세 살 시기에 발달해야 할 운동 단계와 표현과 언어 단계가 연결되지 않습니다. 결국 여러 어린이들이 어떤 사물에 관계를 맺고 서로 그것을 다뤄 보려고 하지만, 서로 바라는 것을 잘 표현할 수 없으므로 고집을 부리려고 합니다.

왈롱이 말한 '피매개성의 원리'는 어린이가 어른과 관계를 맺어야 다른 어린이와 관계를 맺을 수 있다는 것이 아니고, 어린이와 어린이가 서로 관계를 맺으려면 어른이 관계를 맺고 있는 사물이 있어야 한다는 것입니다.

어린이들이 가장 하고 싶어하는 것은 자기 가까이에 있는 어른처럼 해 보는 것입니다. 말하자면 모양이 바뀌는 소재를 갖고 놀면서 어른을 흉내내고, 상상하는 세계를 자기 것으로 만들고, "내가 해냈다. 봐, 봐." 하면서 행동합니다. "나는 사람이다." 하는 영웅 심리를 다른 어린이들에게 서로 보여 주려고 합니다. 그러나 아직 네 살이 되지 않았으므로 오직 '나'의 세계에 머물러 있는 것 같습니다. 여기에서 교사는 '나'의 세계를 '모두 함께 하는' 세계로 만들어 줄 수 있어야 합니다. 세 살 어린이의 중심 활동은 단순히 저마다 혼자서 상상하는 것이 아니라, 집단 속에서 모두 함께 상상놀이를 뚜렷하게 해 나가는 것입니다.

그러나 이것은 어린이 혼자 힘으로는 되지 않습니다. 어른이 어린이들을 모두 함께 상상놀이의 세계로 이끌어 가야 합니다. 교사가 한 어린이가 행동하는 것을 주의 깊게 보면서 "대단하구나." 하고 다른 어린이들에게 해 보게 하면 어린이들은 그 어린이가 하는 것을 보고 자신도 해 보고 싶어합니다. 그럴 때 조금 빠른 달에 태어난 어린이는 "그거, 틀려." 하고 말하듯이 그 어린이가 다루고 있는 사물을 빼앗아 제 것으로 해 버리기도 합니다. 사물을 뺏긴 아이가 울고 떼를 쓰면 교사는 "왜 그러니?" 하고 말을 걸어 주어야 합니다. 그러면 어린이들은 교사가 물어보는 것만으로도 만족하고, 달리 그 상황을 설명할 능력이 없어서 무엇인가 다음 상황을 서로 생각하는 것 같습니다.

이렇게 어린이들은 일상 생활 속에서 어른이 어린이를 보살피는 모습을 보고 무엇을 할지 생각하고 상상하는 것 같습니다. 엄마놀이 같은 초보 수준의 역할놀이를 하는 것입니다. 가까운 생활 속에서 자아를 확실하게 만들고 싶어하고, "우리도 아빠나 엄마나 선생님이다." 하며 사회에서 자기들 자리를 만들어 달라고 말하는 듯합니다. 아직 어리다고 할 수 있는 세 살 어린이는 사람으로 태어나 삼 년째 생활하고 있지만 생각보다 사람을 많이 의식하는 것 같습니다.

어린이가 상상놀이 속에 살며 열심히 놀이에 빠져들면 그림을 그릴 때 사람을 그립니다. 절대로 움직이지 않는 물건과 과일을 그리지 않습니다. 그런데 그림을 그릴 때 보면 어린이는 사람을 그리면서 몸통, 발, 머리, 얼굴, 손을 그리지 않습니다. 모두 동그라미를 그리고 머리를 그리고 있는 것 같기도 하고, 사람 전체를 그리고 있는 것 같기도 합니다. 동그라미에서 아직 손을 그리지 않습니다. 세 살이 된 지 얼마 되지 않았으면 동그라미도 제대로 그리지 못합니다. 그러나 빙빙 돌려 가면서 동그라미를 그릴 수는 있습니다. 마치 그림에서 자신은 사람과 동료가 되었다고 말하듯이 자아를 표현하려고 합니다. 이것이 세 살 어린이의 세계입니다. 그렇기 때문에 그 세계를 지키고 돌보아 주어야 합니다.

더구나 계획을 세워 이러한 활동을 일 년 동안 펼쳐 나가려면 아이들을 언제나 모래밭에서만 놀게 해서도 안 되고, 진흙탕놀이만 시켜서도 안 됩니다. 일 년 흐름에 따라서 중요한 고비가 되는 행사를 확실하게 치르고, 그 행사에서 아이가 해냈다고 생각할 수 있도록 해야 합니다.

그러나 연간 계획을 짤 때는 월간 계획, 주간 계획, 하루 일정까지 자잘하고 세밀하게 짜지 않아도 됩니다. 줄기만 잡아도 됩니다. 세 살 어린이가 다다라야 할 목표를 확실히 잡고 봄, 여름, 가을, 겨울 정도로 느긋하게 계획을 세워서 어린이가 상상놀이를 해 나가도록 하면 됩니다.

여름에는 물놀이를 풍성하게 하고, 가을에는 세 살보다 나이가 많은 아이들과 운동회에 참가해 그 나름대로 해냈다고 생각하고 겨울을 맞이하도록 합니다. 그렇게 해서 네 살을 맞이하면 좋겠습니다. 세 살 어린이를 키울 때야말로 교사가 허세부리지 않고, 느긋하고 참을성이 있어야 합니다.

이러한 계획을 제대로 실천하기 위해서는 무엇보다도 온몸 운동을 바탕에 두고 실마리를 찾아야 합니다.

온몸 운동과 어른을 흉내내는 활동

온몸을 움직여야 힘이 나옵니다. 어린이는 활동해야 발달할 수 있습니다. 세 살 어린이에게는 활동을 점점 넓혀 갈 수 있고, 잘 걸을 수 있고, 아직 불안하지만 나름대로 달리는 힘이 붙을 수 있고, 조금 높은 곳에서 뛰어내릴 수 있는 곳을 마련해 주어야 합니다. 그런 다음 그냥 걷고 뛰는 것만 아니라, 걸으면서 손과 손가락으로 사물을 다루는 솜씨를 기를 수 있는 곳도 마련해 주어야 합니다.

이 시기에는 아직 말귀를 제대로 알아듣지 못하지만 색다른 물건을 보면 반드시 "보자, 보자." 하고 물건을 가져옵니다. 그 물건들은 뜻밖에 작고 눈에 띄지 않는 것들입니다. 깨진 병 조각이나 병뚜껑을 찾아 내고 그것을 잘 돌리지 못해도 어떻게 해서든지 돌려 보려고 하면서 "해 줘요, 해 줘요." 하고 교사에게 가지고 옵니다. 그럴 때 교사가 "대단한 것을 찾았네." 하면서 돌려 주거나 접어 주면 어린이는 교사가 손 놀리는 모습을 꼼짝하지 않고 봅니다. 열심히 사물을 다루는 어른에게 홀딱 빠져 버립니다.

굳이 말하자면, 세 살 시기는 얼러서 추켜 주는 것을 몸에 익히고, 두 발로 서서 걷고, 엥겔스가 지적한 것처럼 손을 정교하게 움직여 가는 때입니다. 조그만 사물에 관심을 기울이고 쥐어 보거나 불어 보거나 흔들어 보다가 그 사물이 생각하지도 못한 모양으로 바뀌면 방글방글 웃으며 혼자 즐거워합니다. 그것을 보고 어른이 "대단하다, 굉장해. 정말 사람이야." 하고 말해 주면 흉내놀이를 더욱 풍성하게 합니다. 몇 달 먼저 태어났든 늦게 태어났든 세 살 어린이는 이러한 세계를 만들어 갑니다. 그렇기 때문에 어린이들은 같은 것을 모두 좋아하고, 보고 싶어합니다.

세 살 어린이가 동물원에 갔다고 상상해 보십시오. 어린이들은 동물 우리 안에서 움직이는 동물들을 꼼짝하지 않고 뚫어져라 봅니다. 조금 나이 많은 어린이는 저것은 어떻고, 이것은 어떻고 하며 종알대지만, 세 살 어린이는 말도 하지 않고 그저 물끄러미 보고만 있습니다. 그러다 어떤 사람이 우리 안에서 동물을 돌보고 있으면 "저 아저씨는 무얼 하고 있지?" 하고 관심을 보입니다.

세 살 어린이는 어른에게 관심을 기울이는 것 같습니다. 그래서 어린이집에서 밥 같은 것을 나눠 줄 때는 어른이 가지고 있는 물건이나 하는 일에 관심을 보입니다. 그리고 부모나 교사에게 인정받기 위해 쓸데없이 말참견을 하기도 합니다. 그렇기 때문에 온몸 운동을 하면서 어른을 많이 흉내내는 이러한 발달 단계에서는 무엇보다 말을 먼저 배워야 하는데, 이것도 어른이 있어야 할 수 있습니다. 그러므로 어른은 어린이들이 재미있어할 수 있도록 능력과 재주를 갖추고 있어야 합니다.

우리는 늘 어린이 집단을 중요하게 생각하지만, 세 살 어린이는 어린이들한테서보다 어른에게서 더 많이 배웁니다. 어른의 세계를 자기 것으로 받아들이고 그것을 동무들에게로 넓혀 가는 세계에 살고 있습니다. 어린이는 단순히 어른의 행동만 흉내내는 것이 아니라 말을 흉내내고, 감정을 흉내낸다고 할 수 있습니다.

몸짓으로 표현

교사가 "세 살 어린이는 참 신기해요. 왜 그러니, 하고 물어만 봐도 좋아해요." 하고 말합니다. 왜 그렇게 물어만 봐도 좋아할까요? 아이가 "원장 선생님." 하고 부르면서 올 때 "왜 그러니?" 하고 물어 보면 아무 말도 하지 않고 가 버릴 때가 있습니다. 그렇게 그냥 가 버릴 때 그냥 보고만 있으면 안 됩니다. 쫓아가야 합니다. 그렇게 하면 어린이는 방긋 웃으며 안아 달라고 몸짓을 합니다. 말로 할 수 없는 것을 몸짓으로 표현합니다.

　이렇게 세 살 어린이는 교사나 부모가 움직이는 것을 보고 행동하고, 어른들이 행동하는 데 같이 끼고 싶어 다가옵니다. 그 때는 어른이 말을 걸어 주어야 합니다. 그렇지만 설교를 하면 안 됩니다. 서둘러 예의범절을 가르치려고 들면 안 됩니다. "엄마하고 함께. 아빠하고 함께. 선생님도 함께 있네." 하고 말해 주면 어린이의 세계에 웃음이 번집니다. "모두 다 같이 보러 와요." "모두 같이." 하고 말을 건네면 만족한 듯이 안심하는 표정을 짓습니다. 사람다운 표정을 몸으로 받아들이고, 사람답게 행동하고 싶어하는 것 같습니다.

　어린이가 표현하는 것을 잘 관찰하십시오. 서두르지 말고 차분하게 어린이 눈 높이에 맞춰서 참으로 귀엽고 사랑스런 아이라고 생각하고 이야기를 나누십시오. 그렇게 귀엽고 사랑스럽게 생각해야 어린이의 감정을 불러일으킬 수 있습니다. 무엇이든지 보고 싶어하고, 알고 싶어하고, 하고 싶어하는 네 살 어린이의 세계를 앞에 두고 세 살 어린이는 참으로 사람답게 사는 어른처럼 '유아독존'을 제 것으로 하고 싶어합니다.

　교사나 부모는 이러한 세계를 하나하나 뚜렷하게 하기 위해서 어린이들이 자아를 발견할 수 있는 놀이를 할 수 있도록 해 주어야 합니다.

활동을 잘 하기 위하여

놀이

나들이

세 살 어린이는 어른을 중재자로 해서 어린이끼리 서로 관계를 맺는데, 어른이 있고 어린이가 있다고 해서 무조건 이렇게 되지는 않습니다. 어린이 스스로 무엇인가에 관심을 기울이고, 그것을 다루고, 그것을 누군가에게 전하고 싶어하면서 활동할 수 있는 곳이 있어야만 합니다. 어린이집만으로는 안 됩니다. 실내에서만 해도 안 됩니다. 어린이집 마당만으로도 안 됩니다. 그래서 교사들은 어린이들에게 "자, 나가자, 나들이 가자." 하고 말합니다.

물론, 한 살 어린이도 나들이를 갑니다. 두 살 어린이도 갑니다. 그러나 한 살 어린이는 유모차 같은 탈것을 타고 나들이를 갑니다. 두 살 어린이는 자기가 가고 싶은 곳으로 달려갈 수 없습니다. 세 살 어린이는 점점 걸을 수 있습니다. 자기를 둘러싼 세계에 관심을 기울이고 그 세계에 점점 빠져듭니다.

나들이는 말 그대로 나들이입니다. 세 살 어린이는 길을 가다가 관심

가는 것이 있으면 그것을 들고 교사에게 옵니다. 그 때 교사가 "모두 와 봐요, 이게 뭘까? 이상하네." 하면 몇몇 어린이가 손가락질하며 무엇인 가를 말하려고 합니다. "이게 뭐지?" 하고 물어 보면 어린이는 생각에 잠깁니다. 교사가 "이건 민들레야." 하고 말하면 어린이는 "민들레, 민 들레." 합니다. "다른 곳에 더 있는데, 어디에 있을까?" 하고 교사가 둘 레를 둘러보며 찾으면 어린이들도 열심히 찾습니다. 이상한 풀을 가지 고 와서 "민들레." 할지도 모릅니다. 그러면 교사는 "자, 어느 것이 민들 레일까?" 하면서 활동을 펼쳐 나갑니다. 나들이를 하면서 이런 활동을 해 나가는 것이 좋습니다.

그 민들레를 어린이집에 가져올 수 있으면 교실 안에서 더욱 활동을 잘 할 수 있습니다. 그것이야말로 손과 손가락을 움직이는 활동입니다. 교사가 손과 손가락을 움직여 무엇인가를 만들면 어린이들은 열심히 지 켜봅니다. 봄이라면 토끼풀을 많이 뜯어 와서 머리에 쓰는 관을 만들어 보여 줍니다. 어린이들은 그것을 보고 만들어 보려고 애쓰지만 좀처럼 되지 않습니다. 그러다 "선생님, 선생님." 하고 가지고 옵니다. 그럴 때 "고마워요." 하며 하나씩 받아서 열심히 관을 만들면 뜻밖에 어린이들은 또렷이 바라봅니다. 그러나 시간이 너무 길어지면 싫증을 내고 스스로 만들려고 합니다.

아직 완전하지 않지만 손을 움직여 물건을 만듭니다. 그렇게 하면서 어린이들은 스스로 만드는 기쁨을 전하고 싶어합니다. "내가, 내가 이거 만들었어." 하고 어린이들은 즐거워합니다. 말하자면 몸과 손을 움직여 노는 것입니다.

몸을 움직이는 놀이
세 살 어린이는 무엇인가를 보면 그 쪽으로 뛰어가서 올라가거나 미 끄러지거나 뛰어내리거나 하면서 온몸을 많이 움직이기 때문에 이렇게 놀 수 있는 큰 놀이 기구가 있어야 합니다. 어린이집 마당에는 미끄럼틀, 정글짐, 무지개다리, 그네, 철봉, 세발자전거처럼 마음껏 힘을 쓰면서 즐겁게 놀 수 있는 놀이 기구를 많이 마련해 놓아야 합니다. 게다가 상상놀이를 할 수 있도록 이미지를 풍부하게 해 줘야 합니다. 아이들은 정글짐을 터널로 만들거나, 미끄럼틀에서 물건을 빨리 내려 보내거나, 트럭에 모래를 쌓아 미끄러지게 하거나, 공사 현장을 상상해서 미끄럼틀 둘레를 모래 언덕으로 만들면서 역할놀이와 뒤섞인 놀이를 하며 놉니다.

모래를 내려 보내거나, 밑에서 모래를 다져 도랑을 만들거나 구멍을 내고 "좀 더 내려 보내." 하고 큰 소리로 말하기도 합니다. 이처럼 놀이 기구는 그 목적을 넘어서 어린이들이 자유롭게 갖고 놉니다.

이 시기의 어린이들은 흥분 반, 두려움 반 상태에 있기 때문에 무리하게 시키지 말고 스스로 한 단계 한 단계씩 밟아 가며 안정을 찾을 수 있도록 지켜보아야 합니다.

실내에서는 커다란 나무 토막 쌓기 놀이를 합니다. 나무 토막을 늘어놓거나 쌓고 놀면서 나무 토막을 옮길 수 있는 힘과, 쭈그리고 앉거나 여러 가지 자세를 잡을 수 있는 능력, 높낮이가 있는 나무 위를 균형을 잡고 걸을 수 있는 능력을 키울 수 있도록 해 줍니다.

입체감이 있고 변화가 있는 큰 놀이 기구나 자연 속에서 온몸 운동을 마음껏 할 수 있도록 해 줘야 합니다. 이렇게 하면 이렇게 된다는 것을 몸에 익히고, 자기 뜻대로 조절할 수 있는 능력을 기를 수 있게 해 주어야 합니다.

손과 손가락 놀이

많은 어린이들이 동그라미나 선을 그릴 때 힘을 제대로 쓰지 못하거나, 연필을 잘 쥐지 못하고, 종이를 제대로 접지 못합니다. 그런 만큼 두 손을 서로 조화롭게 움직일 수 있고, 손목을 돌릴 수 있는 교재와 교구가 있어야 합니다.

또 실내에서 깨끗한 소꿉놀이 장난감을 늘어놓고 노는 것보다 바깥에서 물이나 모래를 가지고 노는 것이 더 좋습니다. 빈 깡통이나 쓰지 않는 밥그릇, 냄비, 숟가락 같은 것을 모래밭에 가지고 가서 놀게 하는 것이 좋습니다. 모래밭에서 그릇을 이용해 진흙을 손으로 둥글게 다듬어 예쁘게 새알 모양을 만들기도 하고, 몸이 더러워지는 것을 싫어하지 않고 "이제 그만." 해도 "조금만 더요." 하고 계속해서 놀아야 손과 손가락에 힘이 붙고 집중력이 생깁니다.

때때로 어떤 아이들은 모래가 묻는다고 모래밭에서 놀지 않거나, 옷이 젖으면 걱정이 되어 어쩔 줄 몰라 합니다. 진흙탕이 좋고 물놀이가 좋아서 눈을 반짝이는 아이야말로 하고 싶어하는 마음이 넘쳐 새로운 것에 도전할 수 있습니다. 어린이집과 집에서 서로 힘을 모아 어린이가 진흙탕을 싫어하지 않게 해야 합니다. 물이나 모래, 점토나 주걱, 종이, 연필, 크레파스, 풀, 병, 종이접기용 종이나 상자 같은 물건을 어린이가 밖으로 가지고 나갈 수 있는 곳에 놓아 두면 좋습니다.

교재와 교구

어떤 교사들은 세 살 어린이를 제대로 키우기 위해 여러 가지로 애쓰지만 무척 어렵다고 말합니다. 그러나 어린이들을 잘 살펴보고 있으면 그 아이들이 바라는 것이 보입니다. 교사는 어린이가 하고 싶어하는 것을 잘 볼 수 있어야만 어린이가 자기 뜻대로 가지고 놀 수 있는 교재와 교구를 찾아 낼 수 있습니다.

세 살 어린이는 아직 역할놀이를 제대로 할 수 없지만 교사를 흉내내어 무엇인가를 하려고 합니다. 두 살 때는 인형을 앞에 두고 "자장, 자장, 자장." 하고 말만 하지만, 세 살이 되면 낮잠 시간에 교사가 아이들을 재우는 것처럼 인형을 양쪽으로 놓고 가운데 앉아 "자장, 자장." 하고 재웁니다.

교사나 부모가 행동하는 것을 보고 자기도 어른이 된 듯이 행동하는 것입니다. 그렇지만 아직 어린이들은 사람들 앞에서 그렇게 할 만한 용기는 없는 것 같습니다. 눈이 마주치면 부끄러운 듯 그만두기도 합니다. 자기 세계에서만 즐기고 있는 것입니다. 자기 세계에서 선생님이 되고 싶은 것입니다.

그러나 어린이집에서 어린이들은 늘 자기 세계에서만 즐길 수 있는 놀이를 찾을 수 없기 때문에 때때로 어떻게 해야 할지 몰라 불안해할 때가 있습니다. 그럴 때 어린이들은 책상이나 의자 밑으로 기어들어갑니다. 어린이들은 혼자가 아니라 인형이나 공, 가방을 가지고 다른 아이들 속에 들어가 무리를 짓고 싶어합니다.

어린이는 어른을 중재자로 해서 무리를 짓습니다. 어른이 가만 있으면 안 됩니다. 어린이들에게는 어른이 바로 교재와 교구입니다. 어른이 어린이들이 좋아하는 교재와 교구를 가지고 와서 함께 무리 지을 수 있는 곳을 찾아보아야 합니다. 어린이들은 움직이는 놀이 기구를 갖고 변화하는 곳에서 놀고 싶어합니다. 다양한 것을 경험하며 활동할 수 있는 곳을 바랍니다.

네 살 어린이 세계를 내다보며

어린이는 네 살 후반기에서 다섯 살 전반기에 발달의 질적 전환기를 맞이하는데, 세 살은 이것을 이어 주는 중요한 시기입니다. 말하자면 세 살은 두 살 때 익힌 모든 능력을 계속 펼쳐 나가는데, 잘 할 수 있는 것이 점점 더 많아집니다. 네 살 시기에는 이렇게 활동을 하면서 발달의 질이 한 단계 더 높아집니다.

일본에서는 보육 정책이 빈약해서 어린이집의 네 살 어린이 반에서는 스물이나 되는 아이들을 교사 혼자서 돌봐야 합니다. 그렇기 때문에라도 세 살 어린이 반에서는 생활 습관을 익힐 수 있도록 어린이 한 사람 한 사람을 잘 보살펴야 합니다.

온몸 운동

세 살 어린이는 두 살 어린이에 견주어 잘 넘어지지 않고 제대로 걷습니다. 두 살 때는 아직 달리지 못하지만 세 살쯤 되면 뒤뚱뒤뚱거리며 팔을 휘저어 가면서 달릴 수 있습니다. 또 한쪽 발은 들고 한쪽 발로만 뛰는 앙감질을 할 때도 한쪽 발을 들어올릴 수는 있지만 앞으로 나가지는 못합니다. 두세 걸음 가다가 발이 땅에 닿고 맙니다.

"팔을 휘저으며 뛴다." "한 발을 올리면서 앞으로 나간다."로 표현되는 행동처럼 두 세계를 하나로 모아 "……하면서 ……한다."로 표현되는 행동은 네 살 때 할 수 있습니다. 네 살 때 이렇게 할 수 있으려면 세 살 때 나들이를 가거나 놀면서 "……가 아니라 ……이다."는 세계를 제대로 경험할 수 있어야 합니다. 그리고 교사는 아이들과 동무가 되어 두 세계를 하나로 이어 주고, 어린이가 그것을 흉내내면서 네 살을 맞이할 수 있도록 해 줘야 합니다.

손가락 운동과 표현 언어

손가락 운동이 말을 발달시키는 두 살 시기에 마음껏 놀아 본 세 살 어린이들은 더욱더 손과 손가락을 정교하고 치밀하게 움직입니다. 손가락 끝에 힘을 넣어서 병뚜껑을 돌리거나, 손가락이나 손바닥으로 종이를 누르고 모서리를 맞춰서 접으려고 합니다. 손을 움직여서 사물을 많이 다뤄 보면 손과 손가락은 더욱 정교하고 치밀해집니다. 이렇게 해서 네 살이 되면 손을 섬세하게 움직여 사인 펜을 쥐고 동그라미나 선을 그리거나, 젓가락질을 할 수 있습니다. 세 살 어린이는 어디까지나 어른이 손 놀리는 것을 유심히 보고 그것을 흉내내면서 손과 손가락을 정교하고 섬세하게 만들어 갑니다. 이런 활동을 평소에 많이 해 보아야 네 살 어린이의 손을 낳을 수 있습니다.

말은 이해 언어에서 표현 언어로 한 발 한 발 나아가고 있습니다. 세 살 때는 "차례대로." "기다려." 같은 말을 이해합니다. "이거 뭐야?" "무엇과 무엇." "…… 같다."는 표현도 합니다. 또, "……이 아니고 ……이다."에서 나아가 "……와 ……은 다르다."고 하는 것도 이해합니다. '크다, 작다.', '무겁다, 가볍다.' 같은 비교 관계를 깨달으면서 두 세계를 풍성하게 알아 갑니다. 두 세계가 마음 속에 자리잡으면 네 살 시기에 '두 세계를 하나로 묶는 힘'을 기를 수 있습니다. 그러므로 교사는 서로 반대되는 대상이 있는 사물을 찾아보고 활동을 연구해야 합니다.

또 상상놀이를 중심으로 하면서 역할놀이도 조금씩 합니다. 역할놀이는 네 살 시기의 중심 활동입니다.

세 살 어린이는 부모나 교사가 행동하는 것을 자세히 보고, 그것을 흉내내거나 자신이 부모나 교사라고 생각하며 놉니다. 이런 놀이를 풍부하게 하면 역할놀이를 풍부하게 할 수 있습니다. 역할놀이는 어린이가 갓난아기가 되거나 엄마가 되어 노는 놀이입니다. 그 때 자기가 맡은 역을 제대로 소화해 내지 못하면 놀이가 재미없어집니다. 재미가 없으면 당연히 놀이를 하지 못합니다. 자기가 맡은 역을 잘 소화하려면 다른 어린이가 맡은 역을 이해할 수 있어야 합니다.

더구나 자신이 맡은 역을 소화해 내기 위해서는 그 사람 처지가 되어 보아야 합니다. 그렇게 하지 못하면 놀이는 발전하지 못합니다. 그러므로 상상놀이는 역할놀이를 할 수 있는 바탕이 됩니다. 네 살 때 역할놀이를 제대로 잘 하려면 세 살 때 상상놀이를 잘 할 수 있어야 합니다.

인격 발달

세 살 시기에는 자아에 눈뜹니다. 자아에 눈뜬다고 하지만 아직 "내가 한다."고 하는 자기 주장과 행동이 따로 놉니다. 자신이 바라는 것도 말로 잘 표현할 수 없기 때문에 자신을 표현하고 싶을 때는 다른 아이를 물어뜯고, 때리기도 합니다.

이 시기에는 아이가 "선생님." 하고 부를 때 "왜 그러니?" "왜?" 하고 말을 걸어 주면 좋아합니다. 세 살 어린이들은 어른이나 교사를 대하면서 인격을 갖춰 갑니다.

또 세 살 어린이는 자기 주장과 행동이 모순될 때 부모나 교사에게 기대면서 그 모순을 해결해 갑니다. 바로 '내가'와 '한다.' 사이에서 부모나 교사에게 기대고 혼란을 겪으면서 네 살 때 나타나는 "내가 할게."의 세계로 나아갑니다. 자아가 싹트고 있는 것입니다. 그 싹을 소중하게 키워 갈 수 있도록 보육 내용을 창조해야 합니다.

개인차

세 살 어린이 반은 보통 4월에 시작해서 이제 막 만 세 살이 된 어린이부터 네 살이 다 된 어린이들이 함께 생활합니다. 일본의 생활 양식이 4월에 시작해서 3월에 끝나기 때문입니다. 이 현실은 좋든 싫든 받아들여야 합니다. 따라서 일 년이 지난 다음 해 3월에는 모두 네 살이나 네 살 11개월이 됩니다. 빠른 달에 태어난 아이는 늦게 발달하고, 늦은 달에 태어난 아이는 빨리 발달하기 때문에 손해 본다, 이익이다 하는 의견이 나올 수 있습니다.

이 시기에는 일 년 동안 키가 크고 몸무게가 느는 것을 눈으로도 쉽게 알 수 있습니다. 그렇지만 바깥세상과 더욱 폭넓게 관계를 맺거나 세계를 더 깊이 생각하지는 못합니다. 아주 조금 나아질 뿐입니다. 크기가 아주 다른 공이 두 개 있다고 합시다. 두 살 어린이는 두 개 모두 공일뿐이지만, 세 살 전반기와 후반기 어린이는 두 공이 다르다는 것을 알아봅니다. 그리고 세 살 전반기 어린이는 "큰 공." 하고 큰 쪽을 가리키며 말은 못 하지만 큰 공을 마음에 들어 합니다. 옆에서 "큰 공이구나." 하면 흉내내어 "큰 공."이라고 말합니다. 두 살 때는 크기가 뜻이 없지만, 세 살 때는 다릅니다. 세 살 전반기와 후반기의 차이점은 어른이 도와 주어야 크기를 알 수 있는가, 도와 주지 않아도 알 수 있는가 하는 점이고, 같은 점은 둘 다 크기가 다른 것에 관심을 기울인다는 점입니다.

태어난 달이 달라 개인차가 생길 때는 그것을 배려해서 뒷받침해 주어야 합니다. 가을에는 3월에 태어난 아이도 세 살 중반이 됩니다. 이때쯤에는 세 살에 발달해야 할 능력도 대부분 발달합니다. 아이를 뒷받침해 줄 때는 당연히 이러한 개인차를 배려해야 합니다.

교육은 밭을 일구는 것이라고도 합니다. 훌륭하게 열매를 맺게 하려면 토대가 중요하다는 것을 생각해야 합니다.

어머니들이 그리워하는 것을 소개하는 잡지 〈다카다 데쓰오〉에는 어린이를 훌륭하게 키운 어느 어머니가 한 말이 실려 있습니다. "나는 농사를 짓고 있는데, 언제나 이렇게 생각합니다. 씨를 뿌리기만 하면 혼자 쑥쑥 잘 자라는 채소와 손을 봐 주어야만 자라는 채소가 있습니다. 농부는 자기 힘으로 자라지 못하는 채소를 열심히 돌봅니다. 그렇게 해서 거둬들일 때 보면 모두 훌륭하게 자라 있습니다. 그렇게 해야 좋은 농작물을 키워 냈다고 할 수 있습니다." 이 말에는 깊은 뜻이 담겨 있습니다.

보육은 바로 사람을 더 사람답게 키우기 위해 인격을 형성하는 토대를 만들어 가는 활동입니다. 어른이 되어서도 부모와 떨어지기 싫어하거나, 자기 것에만 마음을 쓰는 사람을 기르는 데 목표가 있지 않습니다. 자기가 배운 말을 동무들에게 전하고, 종이접기로 세모난 집을 만드는 것을 기억해서 동무에게 만들어 주는 모습은 그 모습을 배우려고 하는 아이에게는 본보기가 되며, 스스로 무엇인가를 확실하게 할 수 있는 힘을 키워 가는 본인에게는 더욱 풍부한 경험이 됩니다.

여름과 가을을 경계로 늦은 달에 태어난 어린이도 '크다, 작다.' '좋다, 싫다.' 같은 두 세계를 알아 가고, 무엇인가를 만들어 놓고는 진단하고, "야, 여기 봐." 하며 다른 어린이들에게 알립니다. 그리고 똑같이 흉내내고 견주면서 관계를 넓혀 갑니다. 누가 더 빨리 발달하는지 경쟁시킬 것이 아니라, 스스로 하려고 하고 다른 사람처럼 하려고 하는 어린이의 내면과 자아를 일상 생활에서 키워 줄 때야말로 어린이는 스스로 설 수 있습니다.

4월에는 동무도 새로 들어오고, 새로운 반에서 새로운 관계를 만들어 가면서 생활합니다. 빠른 달에 태어났어도 오랫동안 집 안에만 있던 어린이들은 스스로 하려는 마음을 잘 내지 못하거나, 새로운 환경에 익숙하지 못해서 울어 버리기도 합니다. 그럴 때는 늦은 달에 태어났어도 어린이집에서 먼저 생활한 어린이가 한 발 앞서 가는 본보기가 됩니다. 생활 경험과 조건이 다르기 때문에 흉내내야 할 본보기와 대상을 많이 만날 수 있고, 그렇게 해서 그 반에서 독특한 관계를 맺어 갑니다.

해마다 4월은 시작하는 달이고, 3월은 마무리하는 달로, 기승전결이라고 하는 흐름을 되풀이하면서 해마다 더욱더 발전해 갑니다.

4~5월에는 모두가 새로운 반에 익숙해지고 동무들을 알아 갑니다. 이렇게 동무를 사귀면 여름에 물놀이를 마음껏 하고, 가을에 운동회 같은 행사를 치르면서 모두 함께 힘을 모읍니다. 이 시기에는 가장 늦은 달에 태어난 아이도 '크다, 작다.'처럼 서로 대립하는 두 개념을 이해합니다. 그리고 위로 뛰어오르거나, 무엇인가를 찰 수 있습니다. 이렇게 발달해 가면 이전 시기보다 훨씬 더 씩씩하게 생활할 수 있습니다. 모두가 함께 일을 해내면 서로 기쁨이 되고, 자신감이 붙고, 한 반에 속해 있다는 소속감도 높아집니다. 올바른 모습을 갖추는 것입니다.

가을과 겨울에는 역할놀이의 질을 한결 높여 함께 즐길 수 있도록 운동회에서 쓴 도구를 방 안으로 가지고 들어와 놀게 하거나, 어린이들이 재미있어하는 그림책 내용으로 간단한 연극놀이를 하면서 활동을 더 발전시켜 나가야겠습니다.

3

세 살 어린이를 돌볼 때

건강, 안전, 음식

건강

주의할 점

세 살 어린이는 몸 구조로 볼 때 이제 갓난아기라고 할 수 없습니다. 소화나 흡수도 잘 하고 면역력도 거의 다 갖추고 있습니다. 키는 태어날 때보다 1.8배쯤 자라고, 몸무게는 네 배쯤 늘어납니다. 똥은 일정한 시간에 나옵니다. 감염에 강해져서 쉽게 감기에 걸리지 않고, 두 살 어린이에 견주어 병이 더 깊어지는 일도 드뭅니다. 반대로 천식이나 자가 중독에 걸리기도 합니다. 몸과 마음이 한쪽으로 치우쳐 자라지는 않는지 잘 살펴보아야 합니다. 그러나 이제까지 큰 병을 앓았거나, 집단 생활이 처음인 아이처럼 아직도 유아기 체질인 아이가 한 사람쯤은 있습니다.

감각 기관에 이상은 없는지 잘 살핍시다. 세 살을 지나 한 마디 문장에서 두 마디 문장으로 말을 하기 시작하는데, 이 시기에 말이 늦는 아이는 난청이거나, 구강에 이상이 있거나, 다른 곳이 덜 발달한 것이기 때문에 전문의에게 진단을 받아 보아야 합니다. 아이가 하는 말을 자세하게 기록해서 얼마나 더 발달하고 있는지 관찰해 보는 것도 좋습니다.

말은 사람에 따라 개인차가 크게 나기 때문에 발달하는 모습을 차분하게 지켜봐야 하고, 말을 빨리 하게 하려고 무리하게 말을 시키면 오히려 말을 안 하므로 부모와 서로 이야기하면서 방법을 찾아야 합니다.

질병

전염병 | 이 시기에 걸릴 수 있는 전염병에는 홍역, 수두, 수족구병 같은 병이 있습니다.

표 2 어린이집에서 자주 유행하는 전염병

병	잠복기	격리 기간
홍역	10~12일	열이 내린 뒤 약 1주일 동안.
수두	2~3주	모든 발진이 딱지가 될 때까지.
유행성 이하선염	2~3주	귀 밑에 부어오른 멍울이 가라앉을 때까지.
유행성 각결막염	5~7일	병이 난 뒤부터 열흘 정도. (증상에 따라서)
풍진	2~3주	발진이 없어질 때까지.
돌발성 발진	1~2주	열이 내리고 기운이 있을 때까지.
백일해	1~2주	6주 정도. (치료하기에 따라서 줄어들 수 있다.)
농가진		다 나은 뒤부터 이틀 동안 주의해야 함.
수족구병	3~7일	열이 내리고 발진이 거의 가라앉을 때까지.

어린이 천식 | 어린이 가운데 반은 서너 살까지 천식이 생긴다고 합니다. 유아기 때하고는 달라서 식이성 알레르기 때문에 생기는 경우는 줄고, 오염된 공기나 집 안에 생기는 먼지나 꽃가루 같은 것을 마셨거나, 정서가 불안정할 때 생깁니다. 기본 생활 리듬을 몸에 익히고, 알맞게 운동하고 피부를 단련하며, 음식을 균형 맞춰 먹어야 병이 더 깊어지지 않습니다.

자가 중독 | 피곤하거나 불안하여 갑자기 토하고 탈진해 버리는 병으로

한 해에 몇 번이나 되풀이하기도 해서 주기성 구토증이라고도 합니다. 세 살 무렵부터 초등학교 저학년 때까지 많이 나타나는데, 차분하게 다독거려 주면 점점 증상이 가벼워집니다. 심하면 소아과에 가 보아야 합니다.

증상이 나타나기 시작하면 수분, 당분, 염분을 조금씩 먹이면서 안정을 찾을 수 있게 해 줘야 합니다.

천식과 자가 중독은 한 가지 원인 때문에 생기는 것이 아니고, 자율 신경이 불안정해서 나타난다고 합니다.

비만 | 사람마다 운동 기능에도 차이가 나기 때문에 이 시기에 비만이 되면 키와 몸무게를 나타내는 그래프를 만들어서 어떻게 바뀌는지 지켜보아야 합니다.

또한 편식을 안 하는지 잘 살펴보아야 합니다. 지금까지 잘 먹던 것을 안 먹기도 합니다.

사시 | 사시는 근시나 난시가 섞여 있는 경우가 있으므로 심할 때는 전문의에게 상담합니다.

탈장 | 이 나이에는 그냥 두면 낫지 않으므로 때를 봐서 수술할 수 있습니다.

요충 | 요충 알은 손이나 이불 같은 데를 거쳐 몸 속으로 들어갑니다. 요충은 밤이 되면 항문 둘레에 알을 낳으려고 나오므로 요충이 있으면 가려워서 가만히 있지 못합니다. 그리고 얼굴에 요충이 옮으면 낮에도 안절부절못합니다. 이 아이 저 아이에게로 차례차례 옮아가기 때문에 아이의 집과 어린이집에서 한꺼번에 없애야 합니다. 교사와 부모가 서로 잘 의논해서 해야 효과를 볼 수 있습니다. 자고 일어날 때 테이프를 항문에 붙여서 검출하는데 한 번만 해서는 검출이 잘 안 되기 때문에 두세 번 해야 합니다.

양성 반응이 나타나면 부작용이 적은 약으로 간단하게 없앨 수 있습니다. 단, 이 약을 써도 알은 없어지지 않으므로 요충이 없어지기를 기다려 이 주일 뒤에 또 한 번 같은 약을 먹으면 거의 완전히 없어진다고 합니다. 알이 달라붙어 있는 요나 속옷은 햇빛에 말리고, 손을 잘 씻고, 방을 깨끗이 청소해야겠습니다.

무사마귀 | 전염성 연속종이라고 하는데 바이러스로 옮는 피부병입니다. 긁으면 다른 데로 번질 뿐만 아니라 다른 아이에게도 번집니다. 자연히 낫기를 기다리거나 한약으로 치료하기도 하는데 빨리 의사에게 가서 떼내야 번지지 않고 낫습니다. 한 번 떼내도 다시 돋아나기도 하므로 끈기 있게 치료합니다.

눈가나 외음부에 옮으면 손쓰기 어려워집니다. 흔히 수건 마찰을 하고 난 뒤나, 수영장에서 물놀이를 한 뒤 수건으로 문지르면 잘 번지기 때문에 한두 개 났을 때 빨리 손을 써야 합니다.

예방 접종

결핵 예방 백신(BCG), 홍역, 폴리오 생 백신(소아마비 예방 백신)을 아직 맞히지 않은 아이는 빨리 맞혀야 합니다. 삼종 혼합 백신은 세 살부터 집단 접종을 하기 때문에 기회를 놓치지 않고 맞힙니다.

삼종 혼합 백신을 접종할 때 1기는 세 번 맞혀야 하지만 3~8주 사이를 두고 맞히면 되기 때문에 여유가 많습니다. 또 맞히지 못할 때가 있는데, 1기에 두 번 맞히고 추가 접종(2기)을 반드시 하면 거의 면역이 생긴다고 하기 때문에 추가 접종(2기)을 잊지 않고 하면 됩니다.

몸 단련

세 살 어린이는 칭찬해 주면 아주 좋아하기 때문에 몸을 단련시킬 때도 수영장에서 물놀이를 하거나, 역할놀이를 겸한 언덕 오르기 놀이를 함께 할 수 있게 계획을 세웁시다. 비록 역할놀이로 하는 것이지만 지금

표 3 예방 접종

	3개월	6개월	두 살	세 살	네 살	다섯 살	여섯 살	일곱 살
비시지(BCG)								
유행성 소아마비								
디피티(DPT)				제 1기		제 2기		
홍역								
유행성 이하선염								
일본뇌염								
유행성 감기								

■ 접종할 것을 권하는 기간
■ 접종해도 좋은 기간

까지 할 수 없던 일을 점점 할 수 있게 된다는 기쁨으로 몸과 마음이 많이 자랍니다.

수건 마찰, 찬물 마찰도 스스로 즐기면서 할 수 있도록 연구합시다. 옷을 얇게 입혀 조금 춥게 해도 조금씩 해 나가면 두 살 때만큼 마음쓰지 않아도 괜찮습니다. 그렇게 하려면 여름이 끝날 무렵부터 버릇을 들이고 활발하게 놀 수 있도록 환경을 만들어 주어야 합니다. 연도 중간에 어린이집에 오는 어린이들이 많은 나이이기 때문에 지금까지 생활하던 환경을 생각해서 부모와 의논해 가면서 조금씩 길들여 갑니다.

마른수건 마찰은 습진이 심한 아이에게는 알맞지 않기 때문에 물로 단련시키는 게 좋습니다. 겨울에는 찬물로 얼굴과 손을 씻게 하고, 여름에는 몸을 깨끗이 하고 수영장에서 물놀이를 활발하게 할 수 있도록 합니다. 병이 나서 한 번쯤 쉬었을 때는 처음부터 다시 하게 합니다.

세 살 후반기부터 네 살까지는 "이게 뭐야?" 하고 자주 물으면서 사람답게 살아가는 생활 양식을 몸에 많이 익혀 갑니다. 젖은 옷을 갈아입고, 콧물을 스스로 닦고, 똥오줌 누는 습관을 들이고, 숟가락을 잘 쥐고, 편식하는 버릇을 고치고, 칫솔질을 잘 하고, 양치질도 하게 하면서 때를 놓치지 않고 위생 교육을 해야 합니다.

이 위생

장난감 칫솔이라도 좋으니 손에 쥐어 주는 것이 좋습니다. 양치질도 연습하게 합니다. 서너 살에 이가 썩지 않으면 그 뒤로는 그다지 많이 썩지 않는다고 합니다. 게다가 이가 썩어도 세 살 때는 치료하기 어렵기 때문에 이 시기에는 절대로 이가 썩지 않도록 해야 합니다. 어린이가 스스로 이를 닦고 나면 부모가 닦아 줍니다. 단 것은 먹지 않는 것이 좋은데 심심하고 따분해지면 간식을 찾기 때문에 바깥 놀이를 많이 하게 해 줍니다.

안전

세 살이 되면 말도 잘 이해합니다. 문에 손가락이 끼면 아프다고 말한다는 것을 알기 때문에 두 살 때처럼 생각지도 않은 사고는 많이 생기지 않지만, 활발하게 움직이고 모험심도 강해지기 때문에 정글짐이나 서랍장 위에서 뛰어내리기도 하고 모래를 머리에서부터 뒤집어써 눈에 모래가 자주 들어가기도 합니다. 아직 위험하다는 것을 잘 판단하지 못하는데, 활발하게 움직이지 못하도록 하지 말고 조심해서 하도록 주의를 주는 것이 좋습니다.

음식

지금까지는 먹다가 먹지 않다가 해서 음식을 먹는 양이 들쭉날쭉했는데 세 살이 되면 부쩍 커서 밥을 눈에 띄게 많이 먹습니다. 또 이 나이에는 동무들과 차분히 앉아 밥을 먹는 것도 특징입니다.

더 달라고 할 수 있도록

두 살 때는 신진 대사가 안정되지 못해 하루에 섭취해야 하는 영양량이 일정하지 않지만, 세 살쯤부터는 신진 대사가 아주 활발해지는 것 같습니다. 이에 따라 밥 먹는 양이 당연히 두 살 때보다 많아집니다.

한 어린이가 다 먹고 나서 "더 주세요, 더 주세요." 하면 다른 아이들도 자극을 받아서 "나도, 나도." 하면서 더 달라고 합니다. 때로는 배가 불러도 몸과 마음이 어긋나 "이제 그만." 해도 더 먹는다고 하다가 밥솥이 빈 것을 보고서야 겨우 이해하기도 합니다.

잘 먹는다고 해서 처음부터 많이 담아 주면 적게 먹는 아이는 부담스러워하므로 적어도 이만큼만 먹었으면 하는 양을 담아 주고, 먹고 나서 더 달라고 하면 더 주면 됩니다. 적어도 이만큼만 먹었으면 하는 양은 식단을 짜서 영양가를 계산한 양입니다.

세 살 어린이가 다니는 어린이집에서는 음식의 질과 양이 다 좋아집니다. 따라서 집에서도 아침, 저녁을 잘 먹을 수 있게 해야 합니다. 어린이들의 상황을 보면서 오전에 간식을 줄 것인지 말 것인지 결정해도 됩니다. 그러나 오후 간식은 될 수 있는 대로 저녁때까지 배가 고프지 않게 단백질, 전분, 유지방 따위가 들어간 음식을 주는 것이 좋습니다. 저녁도 될 수 있는 대로 빨리 먹을 수 있게 부모와 식단을 같이 돌려 보거나 만들면서 서로 돕는 것이 좋습니다.

좋아하고 싫어하는 음식이 생긴다

이 때부터는 좋아하고 싫어하는 음식이 생겨 지금까지 먹어 본 것인지, 좋아하는 맛인지 확인하고 그렇지 않은 것은 물리칩니다. 채소 볶음은 질 퍽질퍽해서 기분 나빠하거나, 콩나물이나 버섯류를 싫어하기도 합니다. 함께 생활하는 어른의 입맛이나, 한 살 때 먹어 본 음식에 따라 좋고 싫은 것이 많이 결정됩니다. 따라서 부모가 따로 밥을 먹거나, 교사가 음식을 가리면 식생활을 지도하기 어려워집니다.

이 시기에는 짠 음식이나 신 음식을 맵다고 합니다. 단맛은 맛있다고 하기 때문에 어른이 생각하는 맛있는 것과 같은 것은 아닙니다.

냄새도 강해야 관심을 기울입니다. 후춧가루나 카레가루는 쓰지 말거나, 조금만 씁시다.

이 시기까지 싱거운 맛에 길들여 놓으면 유아기에 가서도 그다지 채소를 싫어하지 않습니다. 채소 요리는 채소가 가진 독특한 맛을 끌어 내기 위해 싱겁게 맛을 내는 때가 많기 때문입니다.

이 시기에는 젓가락을 제대로 쥘 수 있으므로 조리사와 교사가 잘 상담해서 젓가락으로 집기 쉽게 음식을 만들어야 합니다. 그리고 어떤 재료로 젓가락을 만들었는지 살펴봅시다.

어린이들은 어린이집에서 하루에 한 번은 밥을 먹기 때문에 될 수 있는 대로 나이마다 특징을 살펴서 급식을 만들어 지도해야 합니다. 여기에서는 어린이집에서 한 살부터 여섯 살까지 시기마다 급식을 어떻게 해야 하는지 생각해 보려고 합니다.

어린이집 식단

아이들이 건전하게 성장, 발달할 수 있도록 한다 | 첫째, 영양분을 골고루 공급해야 합니다. 표 4를 봅시다. 이것은 1980년 3월에 후생성 공중위생국 영양과에서 발표한 것으로, 일본인이 소비하는 영양 필요량입니다. 한

살 어린이는 몸무게 1킬로그램 당 섭취해야 하는 에너지와 단백질량이 나와 있으므로 여기에 갓난아기의 몸무게를 더하면 하루에 섭취해야 하는 양이 나옵니다.

이 표를 보면 한창 일하는 이십대나 삼십대 어른에 견주어 유아기에는 영양분이 아주 많이 필요하다는 것을 알 수 있습니다.

두 살 때 몸무게는 11킬로그램, 여섯 살 때는 18킬로그램이 넘는 아이가 있습니다. 이에 견주어 이십대나 삼십대 어른은 몸무게가 세 배나 더 나가는데, 필요한 영양분은 결코 세 배가 안 됩니다. 에너지나 단백질은 어린이가 섭취하는 양보다 두 배가 조금 안 되고, 미네랄이나 비타민류는 어린이와 거의 같거나 어린이가 더 많이 섭취해야 하는 경우도 있습니다. 어른은 날마다 소비한 영양분만 보충하면 되지만, 어린이는 거기에 덧붙여 자라는 데 필요한 영양분과 간에 저장하는 영양분을 섭취해야 하기 때문입니다.

성장하는 어린이는 하루에 세 번만 먹고서는 하루에 필요한 영양분을 제대로 섭취할 수 없어서 잘 자랄 수 없으므로 하루에 세 번 끼니를 확실하게 먹어야 하고, 간식도 끼니처럼 잘 먹어야 합니다.

음식은 식품군을 고르게 섞어 먹을 수 있도록 하고, 간식도 같은 방법으로 하는 것이 가장 바람직합니다. 식품을 섞는 방법에는 여러 가지가 있지만, 단백질이 많이 들어 있는 붉은색, 전분이나 유지방이 많이 들어 있는 노란색, 비타민이나 미네랄이 많이 들어 있는 푸른색 식품을 섞은 삼색 식품군을 이용하는 것이 가장 안전합니다.

둘째, 안전한 식품을 써야 합니다.

당연한 일이지만, 요즈음처럼 이것을 지키는 것을 중요하게 여기는 시대는 없습니다. 건강한 어린이를 건강하게 키우기 어려운 시대에 우리는 살고 있습니다.

먼저 주의해야 할 자연 독은 복어 간에 들어 있는 테트로도톡신이나

표 4 하루에 섭취해야 하는 영양소

나이 (살)	키 기준치 cm 남	여	몸무게 기준치 kg 남	여	에너지 kcal 남	여	단백질 g 남	여	에너지 비율 %	칼슘 g 남	여	철분 mg 남	여	비타민A IU 남	여	비타민B1 mg 남	여	비타민B2 mg 남	여	나이아신 mg 남	여	비타민C mg	비타민D IU
0~(월)					120/kg 100/kg		2.3kg 3.0kg		45	0.4	0.4	6	6	1,300 1,000		0.2	0.2	0.3	0.3	6	4	35	400
2~(월)					110/kg		2.5kg		45	0.4	0.4	6	6	1,300 1,000		0.3	0.3	0.4	0.4	8	6	35	400
6~(월)					100/kg		3.0kg		45	0.4	0.4	6	6	1,000		0.4	0.4	0.5	0.5	7	6	35	400
0~	81.8	80.3	11.25	10.77	970	930	30	30	30~40	0.4	0.4	7	7	1,000	1,000	0.4	0.4	0.5	0.5	6	6	40	400
2~	91.3	89.9	13.51	13.09	1,200	1,200	35	35	30	0.5	0.5	8	8	1,200	1,200	0.5	0.5	0.7	0.7	9	8	40	400
3~	98.5	97.1	15.30	14.77	1,240	1,240	40	40	30	0.5	0.5	8	8	1,200	1,200	0.5	0.5	0.7	0.7	10	9	40	400
4~	104.7	103.4	16.98	16.45	1,350	1,350	45	45	25	0.6	0.6	9	9	1,200	1,200	0.6	0.6	0.8	0.8	10	9	40	400
5~	110.6	109.4	18.84	18.23	1,400	1,400	45	45	25	0.6	0.6	9	9	1,500	1,500	0.6	0.6	0.9	0.8	11	9	40	400
6~	116.3	115.3	20.95	20.30	1,500	1,500	50	50	25	0.6	0.6	9	9	1,500	1,500	0.7	0.6	0.9	0.9	12	10	40	400
7~	121.9	121.1	23.39	22.78	1,600	1,600	55	50	25	0.7	0.7	9	9	1,500	1,500	0.7	0.6	1.0	0.9	12	10	40	400
8~	127.5	126.8	26.12	25.60	1,700	1,700	60	55	25	0.7	0.7	10	10	1,500	1,500	0.7	0.7	1.0	1.0	13	11	40	400
9~	132.7	132.7	29.11	28.85	1,800	1,800	65	60	25	0.8	0.7	10	10	1,500	1,500	0.8	0.7	1.1	1.0	14	12	40	400
10~	138.0	139.1	32.40	32.84	1,900	1,900	65	65	25	0.8	0.8	10	10	2,000	2,000	0.9	0.8	1.2	1.0	14	12	40	400
11~	143.9	145.5	36.38	37.53	2,000	2,000	70	70	25	0.9	0.8	10	12	2,000	2,000	1.0	0.9	1.2	1.1	15	13	40	400
12~	150.8	150.9	41.29	42.41	2,100	2,100	75	75	25	0.9	0.9	12	12	2,000	2,000	1.0	0.9	1.3	1.2	15	13	40	400
13~	158.1	154.6	46.97	46.68	2,300	2,200	80	80	25	0.9	0.9	12	12	2,000	2,000	1.1	0.9	1.3	1.2	15	13	50	100
14~	164.2	156.6	52.50	49.81	2,400	2,300	80	80	25	1.0	0.9	12	12	2,000	2,000	1.1	1.0	1.4	1.3	16	14	50	100
15~	166.6	157.5	56.78	51.78	2,500	2,300	80	75	25	1.0	0.9	12	12	2,000	2,000	1.1	1.0	1.5	1.3	17	15	50	100
16~	168.1	157.7	59.41	52.75	2,600	2,200	85	70	25	1.1	1.0	12	12	2,000	2,000	1.1	1.0	1.5	1.2	18	14	50	100
17~	170.0	157.8	60.86	53.00	2,700	2,200	85	70	25	1.1	1.0	12	12	2,000	2,000	1.1	1.0	1.5	1.2	18	14	50	100
18~	170.9	157.8	61.41	52.59	2,700	2,100	80	65	25	1.0	1.0	10	12	1,800	1,800	1.0	0.9	1.5	1.1	17	14	50	100
19~	171.3	157.8	61.39	52.02	2,650	2,100	80	65	25	1.0	0.9	10	12	1,800	1,800	1.0	0.9	1.4	1.1	17	14	50	100
20~	171.6	157.7	62.01	52.74	2,650	2,100	80	65	20	1.0	0.9	10	12	1,800	1,800	1.0	0.9	1.5	1.1	17	14	50	100
21~	170.0	157.7	62.74	53.02	2,500	2,050	80	65	20	0.6	0.6	10	12	1,800	1,800	1.0	0.8	1.3	1.1	17	13	50	100
31~	166.6	154.5	60.80	53.70	2,400	1,950	75	60	20	0.6	0.6	10	12*	1,800	1,800	1.0	0.8	1.3	1.0	16	13	50	100
41~	164.0	152.5	58.58	1,900	2,300	1,900	70	60	20	0.6	0.6	10	12*	1,800	1,800	0.9	0.8	1.3	1.0	15	13	50	100
51~	161.7	150.3	56.15	52.62	2,300	1,800	70	60	20	0.6	0.6	10	10	1,500	1,800	0.9	0.7	1.2	0.9	14	12	50	100
61~	159.4	147.5	53.04	50.11	2,200	1,700	70	60	20	0.6	0.6	10	10	1,500	1,500	0.8	0.7	1.1	0.9	13	11	50	100
71~	157.0	144.1	50.46	46.61	2,100	1,600	70	60	20	0.6	0.6	10	10	1,500	1,500	0.8	0.6	1.0	0.8	12	10	50	100
81~	154.7	140.5	50.46	43.37	2,000	1,400	65	55	30	0.6	0.6	10	10	1,400	1,400	0.6	0.6	0.8	0.8	11	9	50	100
추가량 임신 전기					+150		+10		25	+0.4		+3		0		+0.1		+0.1		+1		+10	+10
임신 후기					+350		+20		-	+0.4		+8		+200		+0.1		+0.2		+2		+10	+10
수유기					+720		+20		30	+0.5		+8		+1,400		+0.3		+0.4		+5		+40	+300

(1980년 후생성 발표)

*폐경기는 10mg

감자 눈에 있는 솔라닌으로 이것은 잘 알려져 있습니다. 어린이집에서 복어를 먹지는 않을 것이고, 식물에 들어 있는 독은 특수한 것을 제외하고는 열을 가하면 분해되기 때문에 걱정하지 않아도 됩니다.

다음으로 세균인데, 세균은 식품 속에서 이상하게 번식하여 음식에 독소가 늘어나고 그 때문에 식중독을 일으킵니다. 이것을 막기 위해서는 그릇을 깨끗하게 하고 냉장고는 때마다 점검하고 청소해야 합니다. 또 옷과 손을 깨끗하게 해야 합니다. 음식을 만들기 전에는 손목 위 10센티미터까지 비누칠을 하고 흐르는 물에 잘 씻습니다. 손에 낀 반지는 빼 놓고 수건으로 머리를 쌉니다. 앞치마는 옷이 더러워지기 때문에 두르는 것이 아니라 옷에 있는 때가 음식에 묻지 않게 하기 위해서 두르는 것입니다. 그러므로 화장실에 갈 때는 반드시 벗어야 합니다.

손에 난 상처에 고름이 생겼을 때는 음식을 만들지 않도록 합니다. 조리사는 되도록 한 달에 한 번씩 대변으로 세균 검사를 해야 합니다. 가공 식품을 쓸 때는 반드시 한 번 열을 가합니다. 식품업체에 구운 생선이나 크로켓 같은 것을 주문했을 때도 되도록 한 번 더 굽거나 튀겨서 주면 좋겠습니다. 어린이집은 사회에서 맡은 몫이 크므로 어린이집에서 어린이들이 식중독에 걸리지 않도록 아주 노력해야 합니다.

마지막으로 첨가물입니다. 본디 식품 첨가물은 식생활을 좀 더 나아지게 하려고 쓰는데, 요즘에는 그보다 식품 첨가물을 써서 건강에 문제가 생기지 않을까 하는 불안이 더 큽니다.

게다가 한 가지 첨가물이 안전하다고 두세 가지를 같이 써도 안전한지는 그다지 연구되지 않았고, 암을 일으킬 수 있다고 밝혀진 첨가물을 그대로 쓰고 있어서 소비자를 더욱 불안하게 만들고 있습니다.

지금 우리가 할 수 있는 일은 위험하다고 확실히 밝혀진 첨가물은 인가를 취소하는 운동을 하고, 그 첨가물을 넣은 식품은 먹지 않는 방법을 생각하면서, 지역 식품업체와 함께 안전한 식품을 쓰는 운동을 펼쳐 나가는 것입니다.

오해하지 않도록 말을 덧붙인다면 첨가물이 모두 악은 아닙니다. 베이킹파우더가 있어야 과자는 부풀고, 소다가 있기 때문에 떫고 쓴 맛을 간단하게 우려 낼 수 있습니다.

국립위생시험소에서 소금을 많이 섭취하면 암을 일으킬 수 있다고 시험 결과를 내놓았습니다. 무엇을 먹을까와 함께 어떻게 먹을까도 크나큰 과제입니다.

셋째, 올바른 미각을 익히게 해야 합니다.

평소에 진하게 맛낸 것을 먹는 버릇이 들면 본디 식품이 가진 맛을 잘 알지 못합니다. 더구나 채소 맛을 낼 때는 더 그렇습니다.

또, 화학 조미료나 맛내기 가루로 음식을 만들면 본디 맛과는 달라지므로 주의해야 합니다. 즉석 식품이나 패스트푸드는 언제 어디서나 같은 맛을 내므로, 철에 따라 맛이 달라지지도 않고 어른 입맛에 맞춰 맛을 내기 때문에 어린이에게 맞지 않습니다.

유아는 하루에 염분을 5.5그램까지만 섭취하도록 되어 있습니다. 즉석 라면 한 개에는 염분이 4그램쯤 들어 있기 때문에 즉석 식품을 먹일 때는 조심해야 합니다. 덧붙여, 생리적 식염수의 농도는 0.9퍼센트로 맑은 장국의 염분 농도와 거의 비율이 같습니다.

보육 내용을 풍부하게 발전시킨다 | 밥은 혼자서 먹으면 맛도 즐거움도 느끼지 못하지만 동무들과 식구들과 함께 둘러 앉아 먹으면 즐겁습니다. 하루 생활을 여러 부분으로 나눠서 강약을 주는 것도 중요한데, 밥 먹는 시간에는 그런 뜻이 담겨 있습니다.

또 보육 활동 속에서 밥 먹는 시간이 제대로 자리매김하려면 교직원 집단의 질이 중요합니다.

첫째, 음식을 어린이 생활과 연결시켜야 합니다.

어린이가 제철 식품이나 식품의 특징을 알려면 음식이 곧 교재라고 할 수 있습니다. 죽순 껍질을 벗겨 가로나 세로로 자르거나, 수박을 여럿이 있는 데서 자르거나, 콩을 볶아서 가루로 만드는 것을 보여 주면 어린이는 먹을 것을 좋아하고, 만드는 데도 관심을 기울이고, 밥 먹는 시간을 기다립니다. 음식은 무조건 어른이 만들어서 어린이에게 주는 것이 아니라 어른과 어린이가 함께 만드는 것입니다.

둘째, 음식이 어떤 작용을 하는지 알게 해야 합니다.

어린이가 알기 쉽게 음식물이 몸 속으로 들어가면 어떻게 되는지, 밥을 왜 먹어야 하는지, 제철은 무슨 뜻인지 하는 것들을 알려 주면 학교에 들어가서 음식이 몸에 미치는 영향을 배울 때 큰 도움이 됩니다.

평소에 교사가 어린이에게 "시금치를 먹으면 뽀빠이처럼 힘이 세져요." "토마토를 좋아하는 사람은 뺨이 토마토 색이 돼요." 하고 말하는 것을 흔히 볼 수 있습니다.

봄에는 섬유질이 단단해져 떫은 맛이 강한 죽순, 머루, 산나물 같은 음식이 좋습니다. 여름에는 토마토, 오이, 호박, 가지처럼 산뜻하지만 기름에도 잘 어울리는 채소가 좋고, 가을에는 겨울을 대비해서 비타민 시(C)가 많이 들어 있는 감, 밤, 버섯, 고구마, 귤 같은 과일이나 채소가 좋습니다. 그리고 추위를 느끼기 시작하면 섬유질이 많은 배추, 미나리, 무 같은 채소가 맛이 있습니다.

우리는 자연의 섭리 속에서 몸을 잘 움직이지 않는 겨울에는 섬유질이 많은 식품을 잘 먹어 장 운동을 돕고, 봄에는 떫고 쓴 맛이 강한 채소로 입맛을 자극하고, 식욕이 떨어지는 여름에는 기름을 쓴 요리로 여름을 타지 않고, 추위에 대비하여 피하 지방을 축적하는 계절에는 비타민 시(C)가 듬뿍 들어 있는 식품을 먹으면서 살아 왔습니다.

이러한 것을 알고 난 다음에 식단을 짜거나 식생활을 지도해야 아이들은 음식이 몸에 미치는 영향을 이론이 아니라, 몸으로 터득합니다.

셋째, 영양 지도를 해야 합니다.

유아기에는 계통을 밟아 영양 지도를 하는 것은 아직 무리입니다. 대신 어린이가 질문하는 데 귀 기울여 제대로 대답하면 영양 지도를 잘 할 수 있습니다.

아이들이 밥을 보고 "여기에 붙어 있는 노란 밥알, 먹어도 돼?" "밥에 까만 줄이 있는데 이게 뭐야?" 하고 물어 볼 때 쌀에 대한 이야기를 해 주거나, 팥고물 묻힌 떡을 보고 "엄마가 단 것 먹으면 안 된다고 했어요." 하며 먹지 않는 아이에게 "팥은 철과 비타민 비(B)1, 비(B)2가 들어 있어서 몸에 좋은 식품이야." 하고 알기 쉽게 설명해 주면 아주 잘 기억합니다. 나중에 아이 엄마한테 "아이가 집에 돌아와서 가르쳐 주었어요." 하는 말을 듣기도 합니다.

여섯 살이 되면 어느 정도 영양 지도를 할 수 있습니다. 인형극, 그림 연극, 손수 만든 그림책을 보여 주면서 어린이에게 맞춰 지도하는 방법도 있습니다.

넷째, 보육 내용과 함께 해야 합니다.

밥 먹는 것과 보육의 관계에서 가장 큰 비중을 차지하는 것은 생활 습관과 관계된 것입니다. 먹여 주는 것을 받아먹다가 스스로 먹는 것은 사람다운 삶을 이어 가고, 사람답게 살아가는 힘을 몸에 익히는 것이기도 합니다.

옆에서 어른이 다가가면 온 힘을 다해 답하려고 하는 태도를 배우고, 말과 운동 기능을 배우면서 밥 먹는 버릇도 아울러 몸에 익혀 갑니다. 이것을 더욱 잘 할 수 있게 하려면 어린이들이 먹고 싶어할 만한 음식을 만들어야 합니다. 단순히 어린이들이 좋아하는 것에만 맞추지 않고 늘 먹는 음식과 생각지도 않던 음식을 함께 준비합니다. 때때로 눈에 띄게 변화를 주기 위해 색다른 식품을 쓰거나 새로운 식단을 만들고, 행사라도 있는 날에는 보통 때와 아주 다른 그릇이나 식단을 쓰고, 음식도 특별하게 담습니다. 이렇게 하면 어린이나 교사, 부모만 기쁜 것이 아니라 음식을 만드는 쪽에서도 기쁨을 누릴 수 있습니다.

만드는 방법을 연구해서 열심히 만든 음식을 어린이들이 어떻게 생각하고 먹는지도 궁금합니다. 어린이뿐만 아니라 교사도 오늘 점심은 무엇일까 하고 기대할 수 있으면 어린이에게 지도도 쉽게 할 수 있습니다.

조리사와 교사가 어린이를 생각하면서 지금 어떤 음식을 만드는 게 좋을지, 먹는 버릇을 어떻게 들이면 좋을지 생각할 때야말로 늘 식단이 같다 하더라도 진정으로 살아 있는 식생활을 지도할 수 있습니다.

그 밖에 요리 보육이라고 하여 어린이가 스스로 만들어 먹거나, 스스로 채소를 길러서 먹도록 지도할 수도 있습니다.

음식 문화를 전한다 | 우리는 바다로 둘러싸이고, 마을 바로 앞에 산이 있는 나라에 살면서 이웃 나라의 문화를 조금씩 받아들이고, 그 문화를 풍토에 맞게 소화시켜 일본인의 음식 문화를 만들어 왔습니다.

싱싱하고 깨끗한 재료를 언제나 쉽게 구할 수 있기 때문에 그것을 살려 음식을 만드는 방법을 연구해 왔습니다. 그래서 식칼 사용법도 아주 많이 연구했고, 식칼의 유파까지 생겨 났습니다.

또 행사에서 볼 수 있는 음식도 여러 가지가 있고, 생활의 지혜가 오랫동안 이어져 온 것 같은 음식도 많이 있습니다. 오사카에서는 초하룻날에는 떡을 둥글게 썰어 넣은 된장떡국, 초이튿날에는 맑은 장국으로 끓인 떡국을 먹고, 초사흗날에는 잘게 썬 무로 떡국을 산뜻하게 끓여 먹어서 이틀 동안 음식에 시달려 부담이 많이 간 위를 달래 주고, 비타민을 보충하며, 운동을 많이 안 한 몸이 섬유질을 듬뿍 섭취하도록 해서 장이 운동을 잘 하게 돕습니다.

1월 7일에는 일곱 가지 나물로 죽을 끓여 먹고, 15일에는 단팥죽을 먹는 것도 겨울에 부족하기 쉬운 비타민과 철분을 몸에 공급하기 위한 생활의 슬기입니다.

지역마다 행사 내용이 다르고, 그에 따라 음식도 달라집니다. 이런 것을 어떻게 급식에 반영할지 어린이집에서 함께 의논하면 좋겠습니다.

민간에 전승되는 행사하고는 달리, 어린이집에서는 어린이들이 성장, 발달하도록 돕고, 모두 함께 기뻐할 수 있는 행사를 하면서 그 특성에 맞는 음식을 만들어 왔습니다. 두드러지는 음식으로는 생일 때 먹는 음식, 운동회날 먹는 음식, 생활 발표회 전날에 먹는 음식들이 있습니다. 어떤 음식을 만들더라도 교직원 회의에서 의논한 다음에 만들면, 보육실과 급식실이 서로 엇나가지 않고 아이들에게 제대로 만든 음식을 줄 수 있습니다.

그 밖에 그릇의 재질과 모양, 음식을 그릇에 담는 방법, 재료나 식단을 구성하는 방법, 재료를 써는 방법, 맛을 내는 방법 들처럼 온갖 것들에 제 나름대로 양식이 있는 것처럼 그 어린이집에 어울리는 양식이 있으면 좋겠습니다.

지금은 우리 조상들이 오랜 세월에 걸쳐 만들어 온 음식 문화가 무서운 속도로 무너지고 있습니다. 생활 양식이 바뀌고, 즉석 식품이 퍼지면서 음식 문화는 더욱 빠른 속도로 무너지고 있습니다. 또 거기에는 식량 정책이 중요한 원인으로 작용하는데 이 문제도 지나칠 수 없습니다.

세계 제 2차 대전 뒤 삼십 년 동안 일본 겨레의 주식인 쌀이 빵에게 그 자리를 빼앗겼습니다. 일미상호방위원조협정으로 미국의 잉여농산물을 수입하고, 전쟁 뒤에 학교 급식이 빵으로 되살아났습니다. 그리고 점점 일상 생활 속에서도 빵을 많이 먹기 시작하고 그에 따라 반찬도 바뀌었습니다.

오늘 먹은 것이 내일 어떻게 힘이 되는지는 보이지 않지만, 오랜 세월에 걸쳐 만들어 온 식생활 양식은 건강한 생활을 이어 가는 데 큰 힘이 됩니다. 따라서 빠른 속도로 식생활 양식을 바꾸면 우리 몸이 어떻게 바뀔지 잘 생각하면서 음식 문화를 만들어 가야겠습니다.

부모가 안심하고 아이를 맡길 수 있다 | 어느 부모한테서 어린이집이 좀 멀

어도 급식 센터를 이용하지 않고 어린이집에서 음식을 만들어 먹이는 곳에 아이를 보냈다는 이야기를 들었습니다.

어린이집에서 나오는 음식이 나쁘면 부모회 활동이 활발해진다는 웃지 못할 이야기도 있습니다. 아이가 오늘은 무엇을 먹고 있을지 걱정하면 부모는 일에 집중할 수 없고, 안심하면 일에 집중할 수 있습니다.

그런 만큼 대단치도 않은 급식이라고 가볍게 여기지 말고, 보육 운동에 깊이 관여해 가면서 급식 운동을 펼쳐 나가야 합니다. 오늘날 일본의 어린이집 급식 상황은 결코 좋다고 할 수 없습니다. 그만큼 부모와 교사가 힘을 모아 좋게 바꿔 가야 합니다.

지역 사회와 국민이 올바른 식생활을 할 수 있도록 한다 | 집에서 만든 적이 없는 음식을 아이가 어린이집에서 먹어 보고는 맛있다고 하니까 어머니가 급식실에 그 음식 만드는 법을 물으러 옵니다. 이렇게 교사가 어린이집에서 먹는 음식을 집에서 만들어 보게 하려고 식단을 짜는 경우도 있겠습니다.

어린이는 음식을 먹으면서 자라고, 머지않아 스스로 음식을 만들어 먹어야 할 때가 옵니다. 올바른 식생활은 어떤 것인지 말로 가르치기 전에 실제로 몸에 익히며 자라도록 해야 합니다. 또 핵가족이 늘어나면서 아이 키우는 슬기가 잘 이어지지 않고, 식생활 문화도 제대로 전승되지 않고 있습니다. 그런 만큼 어린이집은 어린이의 성장, 발달과 식생활이 어떤 관계가 있는지, 부모가 맞벌이하는 상황에서 어떻게 하면 어린이가 밥을 잘 먹을 수 있는지, 하는 질문에 대답하는 곳이 되므로 해야 할 일이 아주 많다고 하겠습니다.

어린이집을 나서면 어린이들은 그 지역에서 생활하기 때문에 지역과 어린이집, 그리고 아이의 집에서 지역 전체가 식생활을 올바로 할 수 있는 방법을 함께 생각해야 합니다.

어린이집에서는 생활 발표회 때 급식에 대한 자료를 만들어 전시하고, 음식을 먹어 보게 하고, 바자회를 열어 어린이집 식단을 만들어 보는 행사를 열고, 지역 사람들을 대상으로 식생활 공부 모임이나 요리 교실 같은 강의도 활발하게 열고 있습니다.

어린이집에서는 이렇게 지역의 식생활에 대해서 부모와 함께 생각해 볼 수 있는 활동을 해야 합니다.

생활 습관

생활 습관

어른은 시간을 많이 들여 아이들이 날마다 먹고, 자고, 똥오줌 누는 것을 돌보고 있습니다.

한 살, 두 살, 세 살 어린이들은 이렇게 어른이 도와 주지 않으면 살아가는 힘을 절대 기를 수 없다고도 할 수 있습니다. 다시 말하면 어린이들은 어른이 도와 줘야 사람답게 살아가는 힘을 익히고, 머지않아 스스로 자기 생활을 미리 내다볼 수 있습니다.

세 살 어린이가 해야 하는 것 가운데 하나는 생활 습관을 자립하는 것입니다. 자립은 홀로 서는 생활을 뜻하며, 자신이 중심이 되어 살아가는 것입니다. 어른은 세 살 어린이들이 평소에 홀로 서서 생활 문화 양식을 몸에 익히고 살아가는 힘을 배울 수 있게 교육하고 도와야 합니다.

세 살 어린이의 특징

세 살 어린이 반은 어린이 반 가운데 가장 개인차가 심한 곳입니다. 어린이들마다 어떠한 처지에 있는지 잘 알아 놓고, 그 아이가 살아가면서 스스로 자기 일을 해낼 수 있게 단계에 맞춰 세밀하게 도울 수 있는 방법을 생각해야 합니다.

또 아이들은 이 시기에 "내가 할게." 하면서 뭐든지 하고 싶어하기 때문에 아이들이 주장하는 것을 소중하게 여기면서 키워야 합니다. 하지만 아직 스스로 설 수 없으므로 하고 싶어하지만 하다가 내팽개쳐 버리거나, 하면서 쉽게 변덕을 부리거나, 지금까지 잘 하고 있던 것도 갑자기 "할 수 없어." "싫어." 하면서 떼를 씁니다.

이렇게 아이들은 그 나이에 나타나는 특징에 맞춰 키워야 합니다. 일을 잘 해냈을 때는 많이 칭찬해 주고 여럿이 있는 데서 인정해 주면서 아이가 하고 싶어하는 마음을 북돋워 줍니다. 또 아이가 "할 수 없어." "싫어." 하고 말할 때는 아이가 '한다.'에 반대되는 '하지 않는다.'란 말뜻은 이해하지만 어른이 "해라." 하고 강요하는 것을 거부하는 것이라고 생각하고, "어느 쪽?" 하고 둘 가운데 하나를 고르게 해서 스스로 할 수 있게 도와 줍시다.

바른 습관 익히기

세 살 어린이 반에서는 한 살, 두 살 때 갖춘 힘을 바탕으로 해서 생활 습관을 하나하나 익혀 가는 것을 목표로 세워 지도합니다. 이 시기에는 무엇에라도 관심을 기울이고 실패해도 그다지 마음을 두지 않으므로 무리하게 시키지 말고 생활 습관을 익히는 것을 목표로 삼아 자립할 수 있게 해야 합니다. 모든 면에서 하나하나 버릇을 들이려고 하지 말고, 큰 틀에서 빼놓으면 안 되는 것을 지도합시다.

밥을 먹을 때는 어른이 먹여 주지 말고 스스로 끝까지 다 먹을 수 있게 하고, 숟가락 젓가락 밥그릇 같은 도구를 잘 다루지는 못하더라도 올바로 다루면서 먹을 수 있게 합시다.

똥오줌이 마려우면 얼마쯤 참게 하고, 화장실에서 눌 수 있게 합니다.

이런 버릇이 몸에 배지 않고 네 살 어린이 반에 올라가면 동무하고 놀고 싶거나, 동무들이 보고 있으면 부끄러워서 참다가 옷에 똥오줌을 싼 채 눕니다.

하나하나를 친절하게 도우면서 그것을 말로 확인해 주고, 다음 행동으로 넘어갈 수 있게 합시다. 세 살 시기에는 이렇게 그 속에서 어린이가 스스로 모든 일을 해내면서 살아갈 수 있는 토대를 쌓을 수 있도록 해 줘야 합니다.

여러 가지 생활 습관

먹을 때

세 살 어린이 반에서는 점심, 오후 3시 간식, 그리고 아침 간식을 먹이는 곳이 있습니다. 그럴 때 좋고 싫은 것 없이 무엇이든 잘 먹고, 숟가락과 젓가락질을 잘 하고, 그릇이나 접시 같은 도구를 올바로 쓰고, 정해진 시간 안에 기꺼이 다 먹고, 올바른 자세로 앉아서 먹도록 도와 줘야 합니다.

무엇이든 잘 먹는다 | 아이들에게 "이제 먹어요." 하고 말만 한다고 해서 아이들이 제대로 음식을 먹을 수는 없으므로 교사는 그 방법을 연구해야 합니다. "오늘은 아름다운 꽃을 올려 놓자." 하면서 책상마다 꽃을 올려 놓거나, 밥상에 밥상보를 깔아 보거나, 밥상 놓는 자리를 바꿔 보거나 하면서 분위기를 바꾸면 보통 때보다 잘 먹기도 합니다. 때로는 밥상다리를 접어서 "엄마처럼 앉아서 먹어 볼까." 해 보는 것도 좋습니다.

그렇게 배려한 다음에 "오늘은 맛있는 튀김이 나오는구나." "선생님은 잔뜩 먹을 거야." 하면서 음식에 관심을 기울이게 합니다. 음식을 가리는 아이에게는 "이것은 오돌오돌해서 맛있네." "바닷속에 살고 있어서 먹으면 건강해져요.""당근은 토끼가 아주 좋아해요. 빡빡하고 먹으면 깡충깡충 잘 뛸 수 있어요." 하는 말들을 해 주면 즐거워하며 먹습니다.

숟가락, 젓가락질을 잘 한다 | 세 살이 되면 아직 숟가락만 쓰려고 하는 아이도 있지만 많은 아이가 젓가락에 흥미를 갖습니다. 하지만 젓가락질을 익숙하게 잘 하는 아이들은 아직 적습니다. 네 살을 맞을 때쯤에는 손가락으로 사물을 다루는 힘이 발달하면서 젓가락질도 잘 합니다. 그러므로 이 시기에는 젓가락을 바르게 쥐고 먹을 수 있도록 가르쳐야 합니다.

"선생님이 젓가락 쥐는 것을 봐요. 자, 콩을 집었지. 굉장하지." 하면 "선생님 이렇게 해요?""이렇게 집어요?" 하면서 교사에게 젓가락 쥐는 방법을 물어 보거나, 젓가락으로 반찬을 집어 올려서 보여 주기도 합니다. "어머나, 잘 했구나." 하고 칭찬해 주면, 다른 아이들도 흉내를 내어 젓가락질을 잘 해 보려고 합니다. 이럴 때 "그렇게 잡으면 안 돼." 하고 부정하면 절대 안 됩니다. 어린이 스스로 잡는 방법을 연구하도록 해야 합니다.

정해진 시간 안에 다 먹는다 | 밥 먹는 시간은 아이에 따라 다릅니다. 십 분 안에 자기 것을 다 비우고 한 그릇을 더 먹는 아이가 있는가 하면, 어른이 도와 주지 않으면 언제까지나 먹지 못하는 아이도 있습니다. 한 시간이 지나도록 밥상에 앉아 있는 아이가 없게 하려면 밥 먹기 시작한 지 삼십 분쯤 지나서 먹기 싫어하는 아이에게 "자, 거북이같이 먹어 볼까?" "입을 크게 벌리고 먹을 수 있구나, 대단하네." 하며 말을 건네거나, 동무들이 격려해 주도록 하면서 도와 줘야 합니다.

늘 늦게 먹는 아이는 때로 교사가 일부러 처음부터 옆에 앉아서 빨리 먹게 하고, 먹고 난 뒤에 모두 함께 노는 것이 즐겁다는 것을 느끼도록 해 줍니다. 음식도 적게 담아 줍니다.

이 시기에는 혼자 먹는 것을 목표로 하면서도 아직 어른이 도와 줘야 합니다. 부정하는 말은 하지 말고, 어린이 스스로 열심히 해 보려고 하는 마음이 들도록 따뜻하게 대해 줍시다.

바로 앉아서 먹는다 | 본디 바른 자세를 유지하려면 배근력이 튼튼하고, 복근력과 온몸의 기능이 발달해야 합니다. 이 나이에는 아직 오랫동안 같은 자세로 앉아 있지 못하며, 앉아 있을 수 있는 시간도 아이마다 차이가 납니다. 이러한 점을 생각하여 밥 먹을 때는 될 수 있는 대로 바로 앉아서 먹게 합니다. "등을 구부리고 앉으면 몸 속에 있는 뼈가 구부려져요." 하고 말해 주거나, "허리를 바짝 펴고 잘 앉아 있네요." 하고 말해 주는 것도 좋습니다.

밥상과 의자 높이도 점검해 봐야 합니다. 무엇보다 먹으면서 여러 가지 버릇을 몸에 배도록 해 주는 것이 중요합니다.

똥오줌 누기

화장실 쓰는 법 | 세 살이 되면 어린이들은 실패는 해도 화장실에서 똥오줌을 눠야 한다는 것을 거의 알고 있습니다. 하지만 쓰는 법을 가르쳐 주어야 합니다. 동무들이 화장실을 쓰고 있을 때 기다리는 곳, 변기에 앉는 방법, 재래식 변소에서는 다리를 벌리고 팬티를 내리는 방법, 휴지 쓰는 방법, 뒤처리하는 방법, 수세식 변기 물 내리는 방법 같은 것을 처음에는 전체로 지도하고, 나중에는 하나하나 가르쳐 나갑니다.

한 번만 알려 주면 좀처럼 잘 하지 못합니다. "오줌 누고 나면 어떻게 하지?" 하고 물어 봐서 모두가 확실하게 알게 하고, 수세식 변기에서 볼일을 본 뒤에 잊지 않고 물을 내리는 아이가 있으면 모두가 보는 데서 크게 칭찬해 주면서 모두 할 수 있다는 마음이 일어나게 하고, 반 아이들 전체가 버릇을 들이도록 가르쳐 나갑니다.

똥오줌 누기 지도 | 처음에는 한 활동이 끝나고 다음 활동을 시작하기 전에 "화장실에 갔다 와요." 하고 말지만, 세 살 후반기가 되고 화장실 가

는 틈이 길어지면 "오줌 누고 싶은 사람은 화장실에 갔다 와요." 하면 아이들은 생각이 나서 화장실에 갑니다.

또 이 시기쯤 되면 "아까 오줌 눠서 안 나와." 하고 교사에게 말하러 오는 아이도 있습니다. 그럴 때 "모두들 갔다 오니까 누고 와요." 하고 무리하게 시키지 말고, 스스로 누고 싶을 때 화장실에 가는 것을 목표로 삼아 느긋하게 실천해 나갑니다. 네 살이 될 무렵이면 교사가 말하지 않아도 화장실에 가고 싶을 때 스스로 가서 눌 수 있습니다.

이 시기에는 옷에 똥오줌을 싸면 스스로 척척 옷을 갈아입습니다. 교사는 이럴 때 귀찮아하지 않고 살짝 도와 주면서 "다음에는 화장실에서 누자." 하고 말해 줍니다. 자기 일은 자기가 하는 것이 더 좋다고 생각한 나머지, 바닥에 오줌을 싸면 아이한테 닦으라고 하기 쉬운데 그것은 교사가 처리하고 어린이에게는 자기 몸을 정리하게 합니다. 여자 아이가 똥을 누고 난 뒤에는 뒤처리하는 버릇을 들이도록 도와 주고 앞에서 뒤로 닦는 것을 가르쳐 줍니다.

옷이 젖어도 아무렇지 않게 여기는 어린이가 있는데, 그것이 버릇 들지 않도록 잘 보살펴 줍니다. 젖은 것을 알아차리면 옷을 갈아입게 도와 주고 나서 기분이 좋아지면 "잘 됐지? 기분 좋지? 이제 잘 놀고 와요." 하고 말해 줍니다. 또 그 아이가 오줌 누는 틈을 알아 놓아야 합니다. 어느 정도 시간을 두고 화장실에 가는지 알게 되면 시간에 맞춰 화장실에 가게 합니다. 말로만 해서는 좀처럼 가지 않기 때문에 함께 가 주기도 합니다.

낮잠 잘 때 오줌을 싸 버리는 아이는 자기 바로 전에 화장실에 가게 합니다. "다 누고 오자." 하는 말에 따라 오줌을 다 누고 오면 이부자리에 오줌을 싸지 않습니다.

세 살 후반기에는 노는 데 빠져서 오줌이 마려워도 엉덩이를 흔들고 다리를 모아 움찔움찔대면서도 화장실에 가지 않는 경우도 있습니다.

그럴 때 교사는 도와 주면서 화장실에 갔다 오라고 합니다. 손에 들고 있는 장난감을 "선생님이 갖고 있을게." 하고 들어 주면 금방 갔다 오기도 합니다.

세 살 어린이는 스스로 오줌 누고 싶은 것을 알고, 오줌이 누고 싶으면서도 얼마쯤 참을 수 있고, 화장실에 가서 오줌을 눌 수 있어야 합니다.

잠자기

잠을 자야 하는 까닭 | 유아기에 잠은 아주 중요합니다. 아이가 성장, 발달하려면 잠을 푹 자야 합니다. 또 같은 시간에 자고 같은 시간에 일어나는 것도 중요합니다. 그날 그날 사정에 따라 잠자는 시간이 달라지지 않게, 집에서 일찍 자고 일찍 일어나는 버릇을 들일 수 있도록 합시다.

낮잠 자기 | 낮잠은 한 번 자면 안정됩니다. 두 살 어린이는 점심을 먹으면서 자 버리기도 하는데, 세 살이 되면 그러지 않습니다. 어느 나이라도 어린이들은 잘 놀고 나면 잘 잡니다. 여름에 수영장에서 물놀이를 하고 난 뒤에는 이부자리에 들어가자마자 잠들어 버리기도 합니다.

낮잠 시간은 두 시간에서 두 시간 반쯤으로 하면 됩니다. 좀 짧지만 교사는 아이가 푹 잘 수 있게 해 주면 됩니다. 낮잠 자기 전에는 많이 움직이는 놀이에서 조금 움직이는 놀이로 바꿔 나갑니다. 그림 연극이나 그림책을 보는 것도 좋겠습니다.

이불 속에 들어가면 말을 하지 않고, 동무들이 잠자는 것을 방해하지 않게 하면서 눈을 감게 합니다. 교사는 조용히 노래를 불러 주거나 이야기를 간단하게 들려주면서 아이들이 조용히 잠들게 합니다. 쉽게 잠들지 않는 아이나, 가만히 있지 못하는 아이는 옆에서 차분하게 잠들 수 있도록 도와 줍니다.

웬만해서 잠에서 깨지 못하는 아이가 있을 때는 다시 한 번 그 아이가 하루를 어떻게 생활하는지 점검해 봅시다. 밤에 푹 잤는지 밤중에 잠에서 깨지는 않았는지 다시 한 번 살펴봐야겠습니다. 그런 다음에 일찍 잠들 수 있도록 하면서, 깨울 때는 옆에 앉아 부드럽게 말하면서 깨우거나 동무들이 깨워 주도록 합니다. 이 때 아이마다 특징을 잘 살펴서 깨우는 방법도 연구해 봅니다.

잠에서 깼을 때는 즐겁게 마음껏 놀게 합니다.

옷 입고 벗기

이 시기에는 스스로 해 보고 싶다는 마음이 강해서 "내가 할게." 하며 어른이 도와 주는 것을 거부합니다. 그렇지만 정작 스스로 하면 시간이 많이 지나도 제대로 하지 못할 때가 많습니다.

스스로 해 보겠다고 하는 마음을 기특하게 여기면서 셔츠를 입었다, 바지를 벗었다, 단추를 채웠다, 하고 인정해 주면서 한 가지 한 가지씩 성취감을 느끼게 합니다. 그리고 열심히 하면 된다는 자신감을 가지게 하고 다음 행동으로 나아가고 싶어하는 마음이 일어나게 해 줍시다.

"내가 할게." 할 때는 어느 정도 어린이 스스로 하도록 합니다. 기다리는 것도 중요합니다. 그 뒤에는 조금씩 도와 줍니다. 단추를 채울 때는 채우기 어려운 위쪽 단추는 채워 주고, 쉬운 아래쪽 단추는 한 번 채우게 해 봅니다. 그리고 잘 하면 "이제 다 됐다. 힘들었지." 하면서 어린이와 함께 확인해 봅니다.

낮잠을 잘 때는 잠옷으로 갈아입고, 자고 나면 다시 평상복으로 갈아입습니다. 이것은 날마다 되풀이되기 때문에 어린이들이 갈아입기 쉽도록 벗은 옷은 어디에 넣고, 갈아입을 옷은 어디에 있는지 알 수 있게 알려 줍니다.

갈아입을 옷을 몇 번이나 찾다가 찾지 못하면 토라지거나 울어 버리기도 하는데, 스스로 하고 싶은 마음을 막아 버렸기 때문입니다. 그렇게 되지 않도록 잘 준비해 둡시다.

이 시기에는 아직 제대로 옷을 갈아입지 못합니다. 스스로 하고 싶어 하는 마음을 소중히 여기면서 간단한 것부터 혼자 갈아입을 수 있도록 해 나갑니다. 어깨 단추나 앞이 트인 셔츠의 위쪽 단추를 채우거나, 옷의 앞뒤나 겉과 안을 맞추는 일처럼 하기 어려운 것은 동무들하고 해 보게 한 다음에 교사가 도와 줍니다. 자기 옷에 달린 단추를 채우기는 어렵지만 동무 옷에 달린 단추를 채우는 것은 쉬워서인지 즐거워하면서 잘 도와 줍니다. 교사가 도와 줄 때도 되도록 어린이가 "해 보고 싶어요." 하고 말할 수 있게 도와 주는 것이 좋습니다.

"옷 갈아입자, 누가 열심히 잘 벗는지 볼게." 하고, "잘 안 되면 울지 말고 선생님한테 말해요." 하고 말해 주면 얼마만큼 애써 보다가 안 될 때는 교사에게 해 달라고 합니다.

이렇게 되풀이하다 보면 교사가 "옷을 잘 못 입을 때는 울어요?" 하고 물으면, 어린이들은 "아니에요, 선생님께 해 주세요, 하고 말해요." 하고 대답합니다.

어렵게 옷을 입었는데 거꾸로 입거나 뒤집어 입을 때도 있습니다. 그럴 때는 "앞뒤가 바뀌었네요." 하고 알려 주는 것이 좋지만, 교사가 고쳐 주려고 하면 싫어하는 아이가 많습니다. 이럴 때는 "귀여운 토끼가 뒤에서 앵앵하고 말해요. 앞에 가고 싶대요." 같은, 주의를 끌 만한 말을 해 주면 금세 고쳐 입으려고 합니다. 거울을 보게 하는 것도 좋습니다. 그때도 "애써 입었는데, 다시 한 번 힘내 보자." 하면서 마음이 내키도록 해 줘야 합니다.

깨끗한 몸

밥 먹기 전에는 손을 씻고, 먹고 난 뒤에도 지저분해진 입 둘레나 손을 깨끗이 씻게 합니다. 손을 씻고 나면 수건으로 손바닥과 손등까지 잘 닦게 합니다. 옷이 더러워졌거나 젖었을 때는 갈아입게 하고, 콧물이 나오면 휴지로 닦게 합니다. 이렇게 평소에 아이들 스스로 몸을 깨끗하게 해야 한다는 마음을 키워 가도록 해 줘야 합니다.

때로는 "옷이 젖었을 때는 어떻게 하면 좋을까?" 하고 물어 보거나, 세면대에서 손을 씻을 때 옷이 젖지 않게 하려면 소매를 걷고 하면 좋다고 말하면서 교사가 실제로 씻는 모습을 보여 주며 지도하는 것이 좋습니다.

정리, 정돈

정리, 정돈이나 차례는 집단 생활을 더욱 풍성하게 하기 위해서 꼭 몸에 배게 해야 하는 생활 습관입니다. 이 활동을 어떻게 구성하느냐에 따라 정리, 정돈하기가 즐거울 수도 있고 고통스러울 수도 있습니다. 될 수 있는 대로 즐겁게 정리, 정돈할 수 있도록 하면서, 정리, 정돈하는 데만 치우치지 말고 "모두 다 같이 정리, 정돈하고 나니까 훨씬 깨끗해졌지요." 하면서 서로 확인시켜 주는 것이 중요합니다.

"○○는 힘이 세서 정리, 정돈을 많이 했네." 하고 격려하고, "처음에는 블록을 치우자" "○○는 인형을 모아 놓고, ○○는 나무 토막 장난감을 모아요." 하고 처음부터 끝까지 내다보고 행동하게 합니다. 예를 들면, 나무 토막 장난감은 크고 작은 것으로 나눠 깨끗하게 늘어놓고 정리하게 하고, 다른 것들도 하나하나 정성스럽게 가르쳐 갑니다. 그리고 "어디 또 장난감이 남아 있지 않니?" 하고 물어 보고 모두가 눈여겨보게 합니다. 또 다른 것들도 어느 곳에 치워 놓아야 하는지 모두에게 또렷하게 알려 줍니다.

차례 지키기

이 시기에는 "차례대로." 하면서도 동무를 떠밀고 자주 앞으로 나옵니다. 나와 다른 사람을 구분해서 차례대로가 무슨 뜻인지 알게 하고, 실제 장면에서 하나하나 친절하게 가르쳐 갑니다. 손을 씻을 때 밀치고 부딪치면 "차례대로 서!" 하면서 교사가 줄을 서서 기다리거나, 그네를 서로 타려고 할 때는 "여기에서 기다려요." 하고 땅에 표시를 해 놓고 줄을 세웁니다. 그리고 "하나, 둘, 셋 …… 열! 이제 바꿔 타자." "잘 했구나." 하고 차례대로 기다리는 것을 가르치면서 기다린 아이, 교대한 아이 모두에게 잘 했다고 칭찬하면서 확실하게 확인시켜 줍니다.

자립할 수 있도록

심부름

두 살 어린이는 어른이 심부름을 시키면 아주 좋아하며 합니다. 이 어린이들이 세 살이 되면 선생님과 함께 하고 싶은 마음과, 간단한 것은 실제로 할 수 있는 힘이 생기므로 더욱 더 심부름을 하고 싶어합니다.

"누가 이것 선생님하고 함께 들지 않을래?" 하고 부르면 "내가, 내가." 하면서 서로 하겠다고 달려듭니다. 심부름을 하는 아이는 우쭐거리며 뽐내는 빛이 가득합니다. 그리고 모두가 있는 데서 칭찬해 주면 참으로 좋아합니다. 이 기쁨이 "다음에 또 하고 싶어요." 하는 마음을 일어나게 하는 것이겠지요. 교사는 여러 장면에서 어린이의 이러한 마음을 북돋우면서 모든 아이에게 심부름할 수 있는 기회를 주도록 합니다.

밥이나 간식을 먹을 때는 날마다 많은 아이에게 당번 활동을 시킵니다. 처음에는 "○○한테 나눠 줘." 하고 일러 줘야 하지만, 익숙해지면 스스로 아직 음식을 받지 못한 아이를 알아차리고 그 아이에게 나눠 줄 수 있습니다. 그릇도 잘 다루고, 나눠 주는 일도 잘 하고, 모두 있는 앞에서 이야기를 할 수 있고, 동무에게 소리칠 수도 있습니다.

스스로 하려는 마음

세 살이 되면 "내가 할게." 하고 고집스럽게 주장하고, 어른이 조금이라도 도와 주려고 하면 떼를 씁니다. 그렇다고 해서 깨지기 쉬운 물건에 손을 대게 하면 곤란합니다. 또 "내가 할게." 해서 시키지만 아직 할 수 없는 일도 많고, 하다가 "할 수 없어." 하면서 내팽개치기도 합니다.

세 살 어린이는 자립하기 시작해서 스스로 하고 싶어하는 마음이 넘치지만 실제로 하면 잘 되지 않을 때가 많습니다. 어른은 이 시기의 특징을 잘 받아들여서 지도해야 합니다. "내가 할게." 하고 자기 주장을 할 때도, "할 수 없어." 하고 어리광을 부릴 때도 모두 받아 주면서 "어떻게?" 하고 어린이가 스스로 선택하게 한다든지, "……이니까 ……하자." 하면서 어린이가 미리 앞을 내다보게 해야 합니다. 때로는 어린이가 할 수 있는 힘을 믿고 기다릴 줄 알아야 합니다.

먹고, 똥오줌 누고, 자고, 옷 입고 벗는 일상 행동을 할 때 "잘 할 수 있을까? 선생님이 봐 줄 테니까 힘내." 하면서 격려하고, "안 될 때는 선생님에게 말해요." 하고 말해 놓으면 스스로 열심히 하다가 안 되겠다고 생각할 때 교사를 찾아옵니다. 다 하고 나면 "다 됐다." 하고 말하면서 확인해 줍니다.

어린이가 "내가 할게." 하는 마음을 소중하게 여기면서 어린이의 자아와, 동무들과 공감하는 관계를 키워 가는 것을 목표로 삼아 어린이의 상태나 기분에 따라 어느 정도 자유롭게 조정할 수 있는 여유를 가지고 느긋하게 키워야겠습니다.

말을 풍부하게

어린이들에게 생활 습관을 익히게 하려면 어른이 말을 풍부하게 해 줘야 합니다. "하면 안돼요." 하고 금지하는 말은 될 수 있는 대로 하지 않아야 합니다. 세 살 초반에는 어른이 하는 말에 따라 행동을 하지 않는 힘이 아직 제대로 발달하지 못했기도 하지만, "하지 마." 하는 것보다 "해 봐요." "이렇게 하면 잘 돼요." 하면서 행동할 수 있다는 마음을 갖게 하고, 스스로 해 보려는 마음이 일어나게 해 줘야 합니다.

또 몸짓 하나하나에 말을 덧붙여 가면서 지도해야 합니다. 단추를 채워 달라고 하면 "위에 있는 단추는 채워 줄게, 밑에 있는 단추는 네가 채워 봐." 하거나, "이 구멍으로 끼워요, 단추가 안녕 하고 나왔네." "빨간 단추가 달려 있네, 예쁘지." 하면서 도와 주면 어린이들은 즐거워하며 합니다. 그렇다고 해도 교사만 말을 하는 것이 아니라, 말을 건넨 뒤에는 조금 시간을 두고 어린이가 하는 말을 들어주거나, 말을 이끌어 내 줘야 합니다.

지금 일을 다음으로 넘기지 않기

네 살 시기에는 스스로 생활 습관을 세워야 합니다. 그렇게 하기 위해서 세 살 시기에 배워야 할 일을 배워서 네 살까지 이어지게 해야 합니다. 옷에 오줌을 싸면 모르는 척하고 젖은 팬티를 그냥 입고 있지 않고 빨리 갈아입을 수 있도록 지도합니다. 다시 말하면, 어린이와 어른이 서로 더 깊게 믿고, 그 속에서 어린이가 구김살 없이 무럭무럭 자랄 수 있어야 합니다.

여러 활동을 하면서 어린이와 교사가 마음을 주고받고, 교사가 무엇보다도 어린이의 마음을 잘 헤아려 아이들이 자유롭게 자랄 수 있도록 해 줘야 합니다. 그렇게 하려면 지금 일을 다음으로 넘기지 않고 바로 지금 하는 것이 중요하므로, 이러한 기본 힘을 몸에 익히게 합니다.

생활 습관을 몸에 배게 하려면

생활 습관을 몸에 익숙하게 배게 하려면 한 해 동안만 착실하게 지도해서는 안 됩니다. 한 해가 끝날 때쯤에는 몸에 배어 있던 생활 습관이 다음 해에 반이 바뀌면 흐트러져 버린다거나, 지금까지 해 오던 것과 다른 면에서 몸에 배지 못한 버릇들이 눈에 띕니다.

반이 바뀌고 교실이나 화장실, 목욕실이 바뀌어도 몸으로 익혀야 하는 버릇은 계속 지도해야 합니다. 그렇게 하려면 어린이집 전체에서 버릇을 한결같이 이어나갈 수 있게 지도해야 합니다. 이전 반에서는 낮잠 잘 때 옷을 모두 갈아입었는데, 바뀐 반에서는 셔츠만을 갈아입는다면 곤란합니다.

평소에 어린이가 자립하게 하려면 어느 단계에서 어떤 능력을 익히게 해야 하는지, 그렇게 하기 위해서 교사가 어떻게 도와 줘야 하는지 하는 것들에 대한 의견을 어린이집 전체에서 통일해 놓아야 합니다.

하루 스물네 시간

생활 리듬

세 살이 되면 두 살 때처럼 밥 먹는 시간까지 기다리지 못해 잠들어 버리거나 밥을 먹다가 잠들어 버리지는 않고, 생활 리듬이 일정하게 안정되어 갑니다. 하지만 전날 늦게까지 잠들지 못했거나, 보통 때와 다르게 지냈을 때는 다음 날까지 피곤하기 때문에 아침부터 뭔지 모르게 안 좋아 보이고, 꼼짝도 하지 않거나 기운차게 뛰어놀지도 못합니다. 아침을 먹지 않고 어린이집에 왔을 때도 이런 모습이 보이고, 아침부터 물만 찾기도 합니다.

세 살이 되면 밤에 자고, 낮에 낮잠을 한 번 자면 작은 일로는 보채지 않고 지낼 수 있다고 하지만, 정말로 어린이들이 활발하고 생기 있게 지내려면 생활의 질이 중요합니다. 집에서 보내는 시간을 포함해서 스물네 시간을 다시 한 번 살펴보고, 아이가 제대로 자고 먹고 노는지, 그 일상들이 어떻게 연결되고 있는지 다시 살펴보고, 일정한 생활 리듬을 만들어 나갈 수 있도록 해 줘야 합니다.

표 5 **어린이집 생활 리듬의 예**

세 살 전반기		세 살 후반기	
7:30 ~ 9:00	어린이집에 온다.	7:30 ~ 9:00	어린이집에 온다. 아침 명상.
9:00	간식, 정리, 정돈.	9:00	놀이.
9:40	놀이.	11:20	점심.
10:50	점심 준비.	12:20	낮잠 준비.
11:00	점심.	12:30	그림책, 종이 연극을 본다.
12:15	낮잠 준비.	1:00	낮잠.
12:30	그림책, 종이 연극을 본다.	3:30	간식.
1:00	낮잠.	4:00	정리, 정돈, 놀이.
3:30	간식.	6:00	
4:00	정리, 정돈, 놀이.		
6:00			

어린이집의 생활 리듬

세 살 전반기와 후반기는 생활 리듬이 조금 다릅니다. 앞 시기에 견주어 뒤로 갈수록 아이들은 밥을 흘리지 않고 빨리 먹습니다. 그리고 낮잠을 자거나 하는 일들은 대체로 스스로 할 수 있으므로, 그런 일에서 시간이 덜 듭니다. 그런 만큼 남은 시간을 놀이로 돌릴 수 있어야 합니다. 아침에 주는 간식도 어린이의 상태를 살펴보면서 없애고 그 시간에 맘껏 놀게 합니다.

어린이의 하루 일정은 부모가 일하는 시간과 지역 따위를 배려하여 짜야 합니다. 아이들이 어린이집에 오전 7시 반에서 8시 반 사이에 많이 오는 곳과, 8시 반이 지나서 많이 오는 곳은 일정이 달라야 합니다.

어린이가 성장 발달하는 모습, 건강 상태, 부모의 일이나 생활 현실, 사는 곳, 계절에 따라 어린이집마다 어린이의 스물네 시간을 판단하고 하루 일정을 검토해야 합니다.

하루 일정

어린이들이 자립할 수 있는 바탕을 만들려면 하루 일정을 짜고, 그 속에서 어린이가 앞을 미리 내다보며 행동할 수 있게 키워야 합니다.

앞을 미리 내다보며 행동한다는 것은 머릿속에서 깨닫고 그림을 그릴 수 있는 '언어 전망'이 아니라, 옆방에 가서 손을 씻으면 밥을 먹을 수 있다고 생각하는 것으로, 자기 행동을 중심으로 장면이 새롭게 바뀌면서 앞을 내다보는 '동작 전망'입니다.('어린이의 발달', 《강좌, 일본의 교육》, 키요미즈 다미코, 테라다 히로코 글)

아침에 어린이집에 온 뒤부터 집으로 돌아가는 시간까지를 생각해 보면, 아이들에게 시켜야 할 일이 가장 많은 때는 점심을 먹고 낮잠을 잘 때까지입니다. 가지고 놀던 물건을 정리, 정돈하는 일부터, 오줌을 누고, 손을 씻고, 걸상을 빼서 앉고, 밥을 먹고, 그릇을 정리하고, 걸상을 정리하고, 옷을 갈아입고, 발 씻고 잘 준비하는 데까지 두 시간 남짓하도록 시켜야 할 일이 꽉 차 있습니다.

시킨다고 했지만, 어린이들이 스스로 정해서 할 수 있도록 시켜야 합니다. 그렇게 하기 위해서는 여유 있게 하루 일정을 짜고, 어린이도 스스로 선택할 수 있게 합니다. 자칫하면 어른이 무조건 결정해서 시키기 쉬운데, 어린이가 '이것을 할까, 저것을 할까.' 하고 생각하면서 선택할 수 있도록 여유 있게 대해야 합니다. 또 "……하니까 ……하자." 하고 앞을 내다보게 하면서 어린이가 결정하도록 합니다.

그리고 어린이들이 동무들과 공감하면서 하고 싶어하는 마음을 드높이고, 방향을 정할 수 있도록 어른이 도와 줘야 합니다. 팬티를 입을 때라면 "한번 보자, 아주 잘 하네." 한다거나, "○○도 ○○도 열심히 하고 있네." 하고 말해 주면 "나도 해 보겠어." 하고 마음먹습니다.

그러나 하지 못하는 아이들도 당연히 있습니다. 그럴 때는 교사가 조금 도와 주면 할 수 있기 때문에 "잘 했네." 하고 격려해 줍니다. 이처럼 어른이 모두 도와 주다가 조금만 도와 주면 동무들이 스스로 팬티를 입는 것처럼 자신도 입어 보고 싶다고 생각하는 것은 아닐까요?

또, 보지 못하고 넘어가기 쉬운데, 움직이기 쉽게 하려면 활동하는 곳을 어떻게 만들어야 할지 생각해야 합니다. 예를 들어, 똥오줌을 누고 손을 씻고 걸상을 들고 밥상 앞에 앉을 때 움직이면서 부딪치지는 않을지, 무리 없이 움직일 수는 있을지 생각하면서 활동할 곳을 만들어야 합니다. 따라서 가구 같은 것들은 어떻게 놓아야 하는지, 비품을 어디에 놓아 둬야 하는지 빠트리지 않고 생각해야 합니다. 지금 시설을 더욱 잘 살릴 수 있도록 비품을 어디에 놓아 둬야 할지 연구하면 행동을 하나하나 손봐 주지 않더라도 어린이 스스로 앞을 내다보고 행동하며, 동무 관계를 넓혀 가는 실마리를 찾아갈 것입니다.

그러나 현장에서는 때때로 하루 일정이 어긋날 때가 있습니다. 소방 훈련을 하거나, 사고가 났을 때, 어린이가 너무 노는 데 빠져 있어서 차마 분위기를 깰 수 없다고 판단할 때 그렇게 됩니다. 이럴 때 기본 생활 리듬이 확실히 잡혀 있으면 "오늘은 다른 날보다 늦어졌으니까 열심히 먹자. 먼저 먹은 동무들부터 차례대로 잘 준비하자."고 말합니다. "오늘은 다른 날보다 늦었으니까, 빨리! 빨리!" 하고 재촉하면 어린이들은 앞을 내다보며 행동할 수 없습니다. 결국 교사가 하나하나 손봐 주고 말을 해야 할 수 있습니다. 세 살 어린이가 보낼 하루 일정은 여유를 두고 탄력 있게 짜야 합니다.

놀이

　세 살에서 네 살 사이에는 활발하게 움직이고 말수도 많이 늘고 동무들과 관계도 폭넓게 맺어 갑니다. 교사를 중재자로 해서 집단 놀이를 할 수 있습니다.

　세 살 초반에 있는 아이들은 말을 해서 서로 뜻을 주고받기 힘들므로 먼저 때리고, 물어뜯고, 때에 따라서는 울며 소리치기도 하면서 늘 어디에선가 서로 부딪치고 싸웁니다. 그림책이나 장난감을 서로 차지하려고 하거나, 자기가 앉으려고 생각한 자리에 다른 친구가 먼저 앉아 버리거나 할 때 싸웁니다. 어른이 보면 조금만 양보하면 되는 것들입니다. 그러나 이 시기에는 소유 의식과 자아가 싹트기 때문에 장난감이나 자리를 먼저 차지하려고 다툽니다. 그것을 어떻게 지도해야 할지 잘 생각해야 합니다.

　두 살 때는 서로 물건을 차지하려고 다툴 때 다른 물건을 대신 주면 이해하는데, 세 살이 지나면 "이것 아니면 싫어." 하고 확실하게 자기 뜻을 주장합니다. 그럴 때 "빌려 줘요, 하고 말해요." "이것은 모두 같이 쓰는 장난감이에요." 하고 어른이 중재하면 사실은 자기가 쓰고 싶으면서도 조금 참습니다. 나들이 갈 때도 차례대로 줄을 서거나 동무가 올 때까지 기다리기도 합니다.

운동회가 끝날 즈음부터 반 전체가 차분해지고 동무들과 관계도 폭넓어집니다. 나들이 갈 때도 "○○하고 같이 가자." 하고 목적을 갖고 행동합니다. 더구나 세 살 후반기에는 '형이나 언니처럼 하고 싶다. 선생님처럼 해 보고 싶다.'고 생각하며 엄마놀이나 기차놀이 같은 역할놀이를 합니다.

상상놀이에서 역할놀이로 넘어갈 때도 교사가 끼어들어야 합니다. 그때 어린이들은 교사가 "뭐 하고 있니." 하고 말하지 않고, "재미있겠구나, 선생님도 같이 끼워 줘." 하면서 같이 놀아 주기를 바랍니다. 놀이를 잘 하는 교사 밑에서 놀이를 재미있게 하는 어린이들이 자랍니다.

바깥 놀이

날마다 나들이 가기

세 살 중반쯤 되면 구르거나 어디에 걸려서 넘어지지 않고 잘 걸을 수 있습니다. 또 먼 거리도 걸어갈 수 있으므로 갈 곳을 정해 놓고 다 같이 나들이를 나갈 수 있습니다. 풀이 싹트고 꽃이 피고 나무가 옷을 입는 봄에는 날마다 나들이를 가는 것이 좋습니다. 어린이들은 날마다 새로운 것을 발견할 것입니다.

길섶에 돋아난 민들레도 얼마 전까지는 노란 꽃이 피었는데, 어느 날 문득 보니 민들레 씨앗이 솜털처럼 보송보송 달려 있습니다. "신기하지? 모두 봐요." 하고 민들레 씨앗을 관찰하면서 살짝 불어 보면 민들레 씨앗이 흩날려 갑니다. 아이들에게 "다 같이 해 보렴." 하고 말하면서 자연의 신비를 알려 주는 것도 중요합니다.

또 어떤 때는 앞을 내다보게 하면서 "내일은 풀밭에 가서 곤충을 잡아 보려고 하는데……, 곤충을 잡으면 어떻게 하지?" 하면, "비닐 봉지를 가지고 가요." 하고 말하는 어린이도 있습니다. 이럴 때 "선생님은 멋있는 곤충 상자를 가지고 가려고 했는데." 하면서 교사가 만든 곤충 상자를 보여 줍니다. 어린이들은 "그 곤충 상자 나도 갖고 싶어." "나도, 나도." 하며 모두 한 마디씩 합니다. 그런 생각을 소중히 여기면서, "그러면 모두 다 같이 곤충 상자를 만들어서 내일 갖고 가요." 하면서 준비합니다. 이튿날 나들이는 아주 좋겠지요. 어린이들은 자기 둘레에 있는 자연과 사물을 보고 듣고 만지면서 생각을 넓혀 가고, 아름다운 꽃들을 보면서 "와, 예쁘다." 하고 감동하면서 풍부한 감정을 키워 갑니다.

자연 속에서 잘 놀고 돌아올 때 어린이들은 가벼운 마음으로 기운차게 걷습니다. 어린이집에 돌아와 "다녀왔어요." 하고 큰 소리로 인사하면서 뿌듯해합니다. 이런 마음이 다음에 또 가고 싶어하는 마음으로 이어집니다.

어린이들은 나들이 가서 즐겁게 놀아 보면 "나들이 가자."고 말만 해도 나들이 갈 채비를 합니다. 이렇게 자기 일을 조금씩 해 나갈 수 있습니다. 아직도 어른에게 쉽게 기대지만 조금씩 자립해 가는 모습에서 네 살 어린이의 세계로 한 걸음 다가서는 것을 느낄 수 있습니다.

모래놀이와 진흙탕놀이

어린이집 밖에서 자연과 가까워지게 하면서, 어린이집 마당에서 바깥놀이도 풍부하게 하도록 합니다. 봄부터 여름에 걸쳐서 하는 모래놀이, 진흙탕놀이, 물놀이는 어린이들이 발달하는 데 빼놓을 수 없는 활동입니다. 물, 모래, 흙, 진흙탕이라는 소재는 매력도 아주 특별하여 나이와 관계 없이 놀고 싶은 마음을 불러일으킵니다. 나이마다 발달 단계에 따라 혼자 하는 놀이에서 모두 함께 하는 집단 놀이까지 어른이 도와 주면 놀이는 새로워지고, 발전합니다.

목적 | 두 살 때는 모래밭에서만 놀던 아이들도 세 살이 되면 활동하는 곳이 넓어져 어린이집 마당 여기저기에서 놉니다. 수도꼭지 옆을 떠나지 않고 물이 흘러넘치는 것을 즐기고, 물통이나 빈 깡통에 물을 담아 척척 모래밭까지 나르고, 작은 통에 모래를 넣어 다지다가 뒤엎어서 그릇 모양을 만들기도 합니다.

처음에는 모두 생각나는 대로 놀지만 "맛있겠네." 하고 교사가 말하면 "이것은 푸딩이에요." "카레라이스예요, 좀 매워요." 하며 교사에게 가지고 옵니다. 교사가 맛있게 먹는 시늉을 하면 계속 날라 옵니다. "어떻게 먹을까?" 하고 숟가락 같은 것을 찾으면 땅에 떨어져 있는 나뭇가지나 나뭇잎이 금세 숟가락이나 젓가락으로 바뀝니다. 이와 같이 모래밭 놀이에서 흉내놀이로 발전해 갑니다. 또 흉내놀이를 할 때도 "아, 목말라." 하다가, "네, 우유예요." "주스예요." 하며 모래와 물을 갖고 노는 놀이로 발전합니다.

이 시기에는 한 가지 놀이만 하면 금방 싫증을 내기도 합니다. 그럴 때 교사가 다른 놀이로 발전할 수 있도록 도와 줘야 하는데, 교사가 큰 삽으로 모래 산을 만들면 여기저기에서 똑같이 모래 산을 만듭니다. 그 모래 산을 서로 이으려고 길을 내거나 강을 만들면서 활동을 많이 하는 놀이로 발전시켜 나갑니다.

그 때 어린이들은 생기 있게 놀이에 빠져듭니다. 보통 때 모래 만지는 것을 싫어하는 아이도 모두 즐겁게 놀고 있는 것을 보고 함께 놉니다. 싫다고 하는 아이를 억지로 놀게 하지 말고, "나도 해 볼까." 하는 마음이 일어나도록 교사가 먼저 즐겁게 놀면 놀이는 넓혀져 갑니다.

때로는 자기네들보다 나이가 더 많은 아이들이 만들어 놓은 흙 새알을 보고 "만들어 줘, 만들어 줘." "선생님 어떻게 해요?" 하면서 모래를 가져옵니다. 이 때 모래로는 그렇게 만들 수 없다고 알려 주고 "어떻게 하면 만들 수 있을까?" "형들에게 가르쳐 달라고 할까." 하면서 그 아이들에게 가르쳐 주게 합니다.

어린이들끼리 서로 가르쳐 주면 흐뭇하고, 어른이 어린이들을 가르쳐 줄 때보다 더 정확하게 가르쳐 줍니다. 이렇게 해서 어린이집에서 흙 새 알 만드는 것이 유행하고, 아이들은 반짝반짝 빛나는 새알이 만들어질 때까지 질리지도 않고 날마다 만들어 봅니다. 이런 것을 보면 모양이 바뀌는 소재를 마음껏 갖고 놀게 해야 한다는 것을 더욱 느낍니다.

주의할 점 | 바깥 놀이를 마음껏 할 수 있게 해 주면 어린이들은 기운차게 놀 수 있는데, 세 살 어린이가 놀 때 주의해야 할 점이 있습니다.

● 나들이 갈 때 주의할 점

첫째, 너무 작거나 큰 신발을 신기지 않도록 합니다. 어린이들이 쉽게 신고 벗을 수 있는 신발을 골라 줍니다.

둘째, 도심지처럼 교통량이 많은 곳에서는 안전하게 다닐 수 있도록 해야 합니다. 건널목을 건널 때는 교사가 앞뒤에 서서 어린이들이 안전하게 건널 수 있도록 합니다.

셋째, 교사는 배낭 속에 휴지, 수건, 간단한 약품, 예비 옷, 비닐 봉투, 급할 때 전화 연락할 수 있는 100원짜리 동전을 준비합니다. 빈손으로 나가거나 샌들을 신고 나가지 않도록 합니다.

● 진흙탕놀이할 때 주의할 점

첫째, 건강 관리를 잘 해야 합니다. 감기 기운이 있을 때나 병을 앓고 있을 때, 병을 앓고 난 뒤에는 진흙탕놀이를 하지 않게 합니다.

둘째, 진흙탕놀이를 하면 신발이 젖으므로 집으로 돌아갈 때 신을 신발을 준비해 놓아야 합니다. 데리러 온 엄마가 "오늘도 물놀이했어! 신발이 흠뻑 젖었어!" 하고 꾸지람하지 않도록 해야 합니다.

셋째, 진흙탕놀이를 하면 옷에 묻은 얼룩이 웬만해서는 빠지지 않을 때가 있습니다. 진흙탕놀이할 때 입을 팬티를 준비해 달라고 부모에게 부탁합니다.

물놀이

건강하게 자란다

세 살 어린이들은 봄에 진흙탕놀이를 하면서 다리와 허리가 튼튼해집니다. 다리와 허리가 튼튼해지면 손끝을 움직이는 힘도 붙어 병뚜껑을 돌리거나, 종이를 찢거나, 뭉칠 수 있습니다. 손과 손가락을 더욱더 정교하고 치밀하게 움직일 수 있습니다.

그렇게 기른 힘을 더 기르게 하려면 온몸 운동을 더욱 풍성하게 해야 합니다. 발달은 온몸1→ 손과 손가락1→ 온몸2→ 손과 손가락2→ …… 방향으로 전개됩니다.

이렇게 발달하기 위해 세 살 때는 물놀이를 합니다. 물놀이를 하면 맨몸으로 햇볕을 쬐고, 피부가 물과 공기로 자극을 받으므로 몸이 건강하게 자랍니다. 또, 물 속에서 놀면 온몸을 움직이므로 몸도 마음도 활짝 열립니다. 날마다 물놀이를 즐기면서 여름을 보내면 몸도 마음도 씩씩해져서 가을을 맞이합니다.

목표

세 살 어린이 반에서 다다라야 할 발달 목표는 두 살 어린이 반보다 높은 곳에 있어야 합니다. 세 살 어린이 반에서 다다라야 할 발달 목표는 다음과 같습니다.

첫째, 물에 익숙해져야 합니다. 물에 익숙해지려면 먼저 스스로 물을 떠서 얼굴에 끼얹게 합니다. 이렇게 해서 물에 익숙해지면 머리에서부터 물이 흘러내려도 싫어하지 않습니다.

둘째, 물 속에서 움직일 수 있어야 합니다. 세 살 어린이의 배와 가슴 사이까지 오는 물 속에서 자유롭게 아이들을 뒤쫓아 가고, 물의 저항을 온몸으로 막아 내는 놀이를 하면서 즐겁게 놀게 합니다. 또 입 가까이까지 물 속에 담그고 얼굴을 내밀어 물 속을 돌아다니도록 합니다.

셋째, 물 표면에 얼굴을 댈 수 있어야 합니다.

물놀이하는 방법

수영장에 들어가기 전 | 물놀이를 하기 위해서는 먼저 어린이마다 건강 상태가 어떤지 점검해 둬야 합니다. 수영장에서 물놀이를 하기 전에 건강 진단을 하면 더욱 좋습니다. 수두처럼 다른 어린이에게 전염되는 병은 나을 때까지 수영장에 들어가지 못한다는 것을 부모에게 알리고 빨리 치료하도록 합니다. 또 귀지도 파냅니다. 그 다음에 아침은 잘 먹었는지, 잠은 푹 잤는지, 열은 없는지, 감기 기운은 없는지 꼭 살핍니다.

수영장에 들어가서도 건강 상태를 잘 살피고, 입술이 파래지거나 몸을 덜덜 떨면 빨리 물에서 나오게 합니다.

수영장에 들어갈 때 | 수영장에 들어갈 때는 아주 당연한 일이지만 곧바로 들어가게 하지 않고 간단하게 준비 운동을 시킵니다. 그리고 엉덩이를 깨끗이 씻고 샤워를 하고 들어가도록 합니다.

물에 익숙해지기 | 두 살 때 놀던 것을 그대로 이어서 하는데, 호스로 물을 뿌려 터널을 만들어 주면 그 밑을 빠져 나가거나 호스로 뿌리는 물을 맞으면서 이리저리 뛰어다니며 놉니다. 또 어린이들끼리 물싸움을 하면서 즐겁게 놉니다.

물 속에서 움직일 때 | 수영장에서도 요요나 물총을 가지고 놀게 하거나, 모두가 물과 가까워질 수 있는 놀이가 무엇인지 연구해 봅니다. 그리고 온몸으로 놀 수 있도록 합니다. 목까지 물에 담그고 쪼그리고 앉아 두 팔을 벌려 오리가 되어 보거나, 두 손을 수영장 바닥에 대고 온몸을 떠받치면서 목까지 물에 담가 악어처럼 손으로 기어가면서 놀게 합니다.

물에 들어가서 마음껏 놀고 난 다음에, 입 가까이까지 물에 잠기게 해서 물 속에서 보물찾기놀이를 하면 물에 얼굴을 댈 수 있습니다.

그림 3 물놀이

물에 얼굴 대기 | 물 속에서 보물찾기놀이를 하면 자연히 얼굴에 물이 묻습니다. 그러다가 한 아이가 물에 얼굴을 대면 다른 아이들도 차례차례로 물에 얼굴을 댑니다.

이 시기는 '흉내내는 시기'입니다. 수영장에서 물놀이할 때도 흉내내면서 두려워하지 않고 물에 얼굴을 댈 수 있습니다.

물 속을 무서워할 때 | 물 속에 들어가는 것을 무서워하는 아이가 꼭 몇이 있습니다. 그런 아이는 얼굴에 물방울이 튀면 미리 두려워합니다. 그럴 때는 물방울이 튀지 않게 그 아이 혼자만 물에 들어가도록 해 주거나, 교사가 등에 업고 함께 물 속에서 놀면 무서워하지 않고 물과 가까워집니다.

물이 무섭다는 것을 가르친다 | 물 속에서는 온몸으로 자유롭게 놀 수 있지만, 물은 생명을 앗아 갈 수 있기 때문에 모두에게 주의시켜야 합니

다. 물 속에서 동무를 밀거나 싸우지 않는다는 약속을 하고 그 약속을
지키게 해야 합니다. 그렇게 하기 위해서는 교사는 수영복을 입고 어린
이들과 함께 물 속에 들어가야 합니다.

그 밖에 조심할 점 | 물놀이는 온몸으로 하기 때문에 아주 많이 피곤해집
니다. 중간에 쉬는 시간을 짜 넣습니다. 물에 들어가는 시간은 그 날의
날씨, 활동 계획, 어린이의 상태를 보아 판단합니다.

수영장에서 물놀이를 한 뒤에는 조용하게 놀 수 있게 계획을 짜고, 낮
잠을 푹 자게 합니다.

운동회

목적

운동회는 세 살 활동을 마무리하는 행사로, 이 날 어린이들은 최대한
힘을 드러내고, 자란 모습을 부모와 함께 확인하고 기뻐합니다. 부모와
교사가 같은 조건에서 어린이들이 자란 모습을 확인하는 때는 운동회나
발표회 같은 행사 때입니다.

부모가 집안 사정이나 병 때문에 운동회에 참가하지 못할 때는 어린
이의 마음을 이해하면서 교사와 잘 의논해야 합니다.

가을 운동회 철이 되면 어린이들은 나날이 튼튼해집니다. 봄부터 여
름에 걸쳐서 바깥 놀이를 흠뻑 즐기고, 온몸으로 놀아 보면 자기 생각을
잘 표현할 수 있고, 아이들끼리 서로 부딪쳐 자주 울기도 하지만 그렇게
하면서 동무들과 관계도 깊어집니다.

또, 나들이 가는 길에 비탈길이나 자갈길, 때로는 좁은 웅덩이가 나오
면 평균대 위에서 걷는 것처럼 균형을 잡으면서 걷거나, 조금 높은 곳에
서 뛰어내릴 수도 있습니다. 공원에 있는 붙박이 놀이 기구를 잘 다루며

놀 수도 있고, 많이 기울어진 미끄럼틀도 두 손이나 다리와 허리에 힘을 넣어서 속도를 조절하면서 탈 수 있습니다. 공원이나 잔디밭에서 술래 잡기나 숨바꼭질을 하며 뛰어다니면서 알게 모르게 운동 능력이 발달합니다. 그리고 앞 시기보다 더 확실하게 걷고 달리고 뛸 수 있습니다.

이렇게 놀이를 하면서 익힌 운동 능력과 표현 능력을 운동회에서 잘 드러낼 수 있도록 일정을 짜야 합니다. 운동회를 하면서 어린이들은 부쩍 발전합니다. 이렇게 어린이가 발전할 수 있도록 운동회 내용을 창조해 내야 합니다. 이제까지 익힌 힘을 토대로 해서 조금 더 어려운 것도 해낼 수 있게 구성하는 것이 좋습니다. 그렇게 하면서 어린이들은 몸과 마음이 놀랄 만큼 자랍니다. 어린이들은 아빠, 엄마뿐만 아니라 할아버지 할머니도 자기를 보러 온다는 생각으로 잔뜩 부풀어 있기 때문에 온 힘을 다해 운동회에 참여합니다. 어른들은 그 모습을 보면서 지금까지 걱정하던 것들이 말끔히 사라지고 잘 자랐다고 생각합니다.

어린이들을 잘 살펴보면서, 아이들이 연습이 힘들다고 생각하지 않도록 놀이 요소를 듬뿍 넣어서 운동회를 준비해야 합니다. 운동회는 일정이 확실히 짜여 있으므로, 뒷일은 교사가 계획을 잘 세우고 지도성을 발휘하여 어린이를 중심에 두고 이끌어 나가십시오.

운동회할 때

어린이집마다 운동회를 계획하고 실천해 가는 모습은 다릅니다. 어린이집의 처지나 아이들 나이 구성에 따라 세 살 어린이를 참여시키는 방법도 다릅니다. 젖먹이 아기만 받는 어린이집에서는 세 살 어린이가 나이가 많은 축에 속할 때도 있습니다. 그리고 어린이집 마당이 좁으면 다른 곳을 빌려 운동회를 여는 곳도 있습니다. 이런 것을 계획할 때도 어린이의 상황을 보면서 무리 없이 해야 합니다. 이러한 것들을 전제로 하면서 세 살 어린이의 운동회를 소개하겠습니다.

어느 어린이집에서는 운동회 개회식에 아이들이 모두 참여합니다. 입장 행진까지는 안 하더라도 피아노 반주에 맞춰서 나이 많은 아이들 반부터 차례대로 들어갑니다. 그 해의 주제를 정하고, 반마다 그 주제를 표현하면서 들어갑니다. 해마다 내용이 바뀌기 때문에 부모들은 즐겁게 봅니다. 세 살 어린이는 좀 어색해하면서 들어가지만, 우는 아이는 없습니다. 여유 있게 걸으면서 자기 부모를 찾기도 합니다. 부모와 눈이 마주치면 손을 흔들고 손가락질도 합니다. 무서운 것이 없습니다.

운동 능력의 바탕이 되는 걷기부터 달리기까지는 두 살 어린이 반부터 여섯 살 어린이 반까지 차례대로 합니다. 나이 많은 아이들 반으로 갈수록 달리는 모습도 달라지기 때문에 발달 단계를 잘 이해할 수 있습니다.

어린이들은 입장하고, 달리기를 하면서 장내 분위기를 알아 가고, 자리에 앉아 다른 반 아이들이 활동하는 모습을 보면서 자기 차례를 기다립니다. 이렇게 하면서 자기보다 어린 아이들을 배려하고, 애쓰고 있는 어린이를 응원하면서 어린이집 전체가 하나가 될 수 있습니다.

이 시기에는 흉내놀이나 표현놀이를 좋아하기 때문에, 장애물 경주처럼 경기하는 것이 아니라 무엇인가가 되어서 그것을 표현하는 활동을 해도 좋습니다.

예를 들어, "모두 예쁜 토끼예요, 선생님은 엄마토끼." 하고 말해 주면 모두가 여기저기에서 토끼가 되어 깡충깡충 뛰어다닙니다. "아, 냇물이 있네. 다리가 좁으니까 조심해요, 엄마 뒤에 따라 와요." 하면, 어린이들은 진지하게 내려다보면서 한 발자국 한 발자국씩 걸어 살포시 다리를 건넙니다. 다리를 건너서 다다른 곳은 풀밭으로 어미말과 새끼말이 즐겁게 뛰어놀고 있습니다. "말은 모두 대가닥 달린다, 대가닥 달린다." 하고 노래에 맞춰서 어미말과 새끼말을 표현합니다. 이렇게 이야기를 만들어 가면서 거기에 맞춰서 몸짓으로 표현합니다. 두 발로 뛰거나, 천천히 걷거나, 말처럼 잰걸음으로 걸어 보면서 힘들이지 않고 온몸을 리듬에 맞춰 즐겁게 놀 수 있습니다.

우리 어린이집에서 이야기에 늑대를 등장시켜 놀았을 때입니다. 아이들은 늑대가 진짜 늑대가 아니라는 것을 알고 있지만, 늑대 역을 맡은 선생님한테 짓눌려서인지 우는 아이가 있어서 어떻게 할지 고민했습니다. 그 날 운 아이와 상담하고, 아이가 "무섭지만 힘낼게." 해서 운동회날 예정대로 했습니다. 세 살 어린이는 거짓말이라는 것을 알고 있으면서도 참말이라고 믿어 버립니다. 그러한 아이의 마음을 소중히 여기면서 교사가 강요하지 않고 어린이 스스로 이겨 낼 수 있도록 해야 합니다.

그 밖에 부모와 아이가 함께 할 수 있는 내용도 넣어 봅시다. 날마다 어린이집에서 헤어지고 만나는 부모 자식 모습과 다른 모습을 볼 수 있습니다. 어린이집에서는 잘 한다고 생각했는데, 부모와 함께 있으면 어리광부리며 울고 떼를 쓰는 아이도 있습니다. 그럴 때 부모는 왜 우리 애만 칭얼대고 떼를 쓰나 하고 아이에게 화를 내며 거칠게 대하기도 합니다. 이런 문제는 평소에 부모가 아이를 대하는 모습에서도 보이는데, 교사는 그것이 걸리면서도 좀처럼 말해 줄 기회가 없어서 넘어가 버릴 때가 많습니다. 운동회를 기회로 부모와 잘 의논해서 해결할 수 있도록 합시다.

부모와 아이가 함께 하는 경기로 '사람 거꾸로 돌리기' 경기가 있습니다. 부모와 아이가 서로 마주 보고 서서 아이가 부모의 팔 밑으로 재주를 넘어 들어가서 부모와 아이가 겨루는 놀이입니다. 이 놀이뿐만 아니라 다른 놀이도 여러 가지 연구해 봅시다. 커다란 공을 함께 굴리는 것도 재미있습니다. 부모는 기를 쓰고 하고 있는데 아이는 태평하게 있기도 하고, 그 밖에 여러 모습이 보여 부모 자식의 관계가 잘 보이기도 합니다.

세 살 어린이 반에서는 보통 운동회 때 입장, 달리기, 반 연극, 부모와 아이가 함께 하는 경기를 하는데 아이들이 소화하기에는 좀 많은 것 같습니다. 되도록 한 가지 한 가지를 짧게 구성하면 아이들이 그다지 무리하지 않고 참가할 수 있습니다.

주의할 점

운동회는 예부터 전해 내려오는 행사이기 때문에 부모도 교사도 공통으로 생각하는 모습이 있습니다. 그러나 유아 운동회는 역사가 짧습니다. 그런 만큼 어른이 생각하는 대로 어린이들을 다그치지 말고 느긋하게 할 수 있도록 합니다.

첫째, 운동회날 어린이들은 흥분되어 있으므로 안정시키고, 건강 상태를 확실하게 점검해 놓습니다.

둘째, 운동회 중간에 쉬면서 우유나 차를 마시게 합니다. 날씨가 좋으면 물을 넉넉하게 먹게 합시다.

셋째, 경기를 하다가 화장실에 가고 싶어하지 않도록 준비 단계에서 꼭 챙겨 주십시오. 어린이집 바깥에서 운동회를 할 때에는 특히 잘 챙겨야 합니다.

넷째, 어린이집 아이들이 모두 모이는 날이므로 가슴과 등에 이름표를 달아 이름을 기억할 수 있게 합니다. 부모는 평소 자기 아이에게서 이야기로만 듣던 동무도 알 수 있고, 서로 친해질 수 있습니다.

손과 손가락 놀이

목표

세 살 어린이는 봄에 진흙탕놀이, 여름에 수영장 물놀이를 하면서 가을을 맞이하면 다리와 허리가 튼튼하게 안정되고, 앞 시기보다 좀 더 빨리 달리고, 두 발로 땅을 차고 뛰어오를 수도 있습니다. 온몸 운동을 안

정감 있게 하면서 손과 손가락으로 쥐고 잡고 집는 놀이를 풍부하게 하도록 합시다. 손과 손가락 놀이를 할 때는 다음과 같은 목표를 정해야 합니다.

첫째, 세 살 때는 두 살 때 손의 연장으로 도구나 사물을 다루던 데서 벗어나, 도구나 사물의 논리에 손이 따라갑니다. 이 단계에서는 도구나 사물을 보기만 해도 그 도구나 사물을 제대로 써서 만들 수 있는 이미지가 떠오르고, 그 이미지가 마음 속에 자리잡습니다.

그러나 아직 활동 목적과 결과를 생각하고 그 목적을 이루기 위해 손과 손가락을 놀리지는 못합니다. 이 시기에는 도구나 사물의 논리를 익히고 그것을 다루는 힘을 쌓아 갑니다. 그러므로 도구나 사물을 가지고 손과 손가락 놀이를 할 수 있게 해야 합니다. 이 때 도구는 일상 생활에서 늘 쓰는 것을 준비해야 합니다.

둘째, 도구나 사물을 다루는 놀이 속에 눈과 손이 어우러져서 눈으로 손을 보면서 할 수 있는 놀이를 확실히 짜 넣습니다.

셋째, 잡고, 쥐고, 집으면서 두 손이 서로 어우러져 움직이는 놀이를 하거나, 또 다섯 손가락 하나하나로 여러 가지 모습을 만들어 이것은 무엇이다, 하고 상상하는 놀이를 노래를 부르며 할 수 있게 합니다.

넷째, 손과 손가락뿐만 아니라 손바닥이나 팔을 쓰는 놀이도 하게 합니다.

놀이 방법

도구나 사물을 갖고 논다 | 세 살 때는 음식을 먹을 때 숟가락으로만 먹다가 젓가락도 씁니다. 또 손과 손가락으로 물, 모래, 흙을 만지며 놀다가 삽이나 통을 가지고 놀기 시작합니다. 예를 들면, 삽으로 모래나 흙을 퍼서 통에 넣고 그것을 과자라고 생각하면서 놉니다. 삽처럼 무엇인가를 푸는 도구나, 일상 생활에서 쓰는 도구에 어떤 기능이 있는지 잘 배

울 수 있는 놀이를 하게 합시다. 또 옆에 있는 작은 막대기로 돌을 집어서 무엇이라고 생각하며 노는 것도 즐겁습니다. 더구나 세 살 후반기에는 가위를 써 보도록 합니다. 가위는 네 살 때부터 잘 다룹니다.

세 살 때는 가위로 한 번 자르는 게 중심입니다. 가위질을 한 번 해서 잘라 낼 수 있는 종이를 몇 장 준비하여 "눈을 많이 만들자." "밥을 만들자." 하고 뜻을 붙여서 한 번 잘라 내는 것을 계속 하면서 즐기게 합니다. 때로는 직선을 그리고 그 직선을 따라 자르면서 놀게 합니다.

눈과 손이 서로 어우러지게 | 세 살 어린이들은 단추 끼우는 놀이를 즐겨 합니다. 이 놀이는 한 손에는 단추, 한 손에는 단춧구멍을 잡고 눈으로 보면서 손으로 확실하게 단춧구멍에 단추를 집어 넣는 놀이입니다. 세 살 어린이들에게는 조금 어렵기도 한데, 어린이들은 싫증내지 않고 단춧구멍 위에까지 단추를 집어 넣습니다. 이 놀이는 눈과 손이 서로 어우러져서 눈으로 손을 보아야 할 수 있습니다. 가을에는 나뭇잎, 도토리, 솔방울 같은 자연물을 주워서 끈으로 꿰며 노는 것도 즐겁습니다.

세 살 어린이들은 종이를 뜯어 내거나 종이의 양쪽을 잡고 앞뒤로 있는 힘껏 잡아당겨 찢기도 합니다. 찌익하고 소리가 나면서 종이가 찢어지는 것도 즐거워합니다. 세 살 때는 종이를 제법 잘게 찢을 수 있습니다. 그리고 찢어진 종이를 모아서 눈싸움을 하거나 나일론 주머니에 넣어서 풍선을 만들면서 놀기도 합니다.

나무 토막 장난감이나 블록을 가지고 논다 | 세 살 어린이들에게는 조그만 블록에서 큰 나무 토막까지 쌓으며 놀 수 있게 해 줍니다. 더구나 큰 나무 토막을 쌓아올려서 무엇이라고 상상하며 놀 때는 손과 손바닥, 팔을 움직이므로 온몸으로 놀 수 있습니다. 아이들은 커다란 나무 토막을 쌓아올려 목욕탕 욕조로 상상하고 동무들과 함께 들어가거나, 울타리를 만들어서 집이라고 상상하며 놀거나, 동물 모양을 만들어서 동무들과 함께 타고 놀기도 합니다.

세 살 때 집단 놀이를 할 때는 얼핏 보면 함께 무엇인가를 만들고 있는 것처럼 보이지만 이미지가 앞서서 놀거나, 우연히 만들어진 것을 무엇이라고 상상하며 노는 아이들이 있는 것처럼 저마다 자기 속에 들어 있는 이미지를 갖고 놀고 있는 경우도 있습니다. 동무들과 교사가 함께 무엇인가를 만들면서 놀아 봅시다.

손놀이를 풍성하게 | 세 살 어린이들은 가운뎃손가락과 약손가락을 엄지손가락에 붙여서 여우 모양을 만들 수 있습니다. 세 살 어린이 반에서는 먼저 교사가 즐겁게 노래를 부르면서 손놀이를 하도록 합니다. 교사를 흉내내게만 하지 말고, 교사와 어린이가 서로 주고받으면서 하거나, 교사가 질문하면 손동작으로 대답하며 놀 수 있는 손놀이를 여러 가지 연구해서 즐겨 보도록 합니다.

주의할 점

손과 손가락을 움직여서 사물을 다루는 놀이를 할 때 배려해야 할 점을 몇 가지 들어 보겠습니다.

첫째, 가위는 쥐기 쉽고 잘 드는 것을 준비합니다. 가위를 쓸 때는 어린이들이 틈을 두고 안전하게 쓰도록 해야 합니다.

둘째, 정리, 정돈을 잘 하게 합니다. 교사는 다음 활동을 하기 위해서 빨리 정돈하려고 하기 때문에 아이들을 야단치기 쉽습니다. 세 살 어린이는 "힘이 세구나.", "정리, 정돈을 잘 하는구나.", "이제 아무것도 떨어진 것이 없을까. 선생님이 찾았다." 하는 말만 해 줘도 즐겁게 정리, 정돈을 합니다. 정리, 정돈을 하고 나서는 "모두 함께 정리해서 깨끗해졌지." 하고 확인하는 말도 해 줍니다. 놀 때는 대담하게 놀고, 활동이 하나 끝나면 뒤처리를 깨끗하게 하도록 합니다.

셋째, 세 살 어린이 반에서는 교사가 먼저 어린이들 앞에서 찰흙으로 물건을 만들어서 보여 주거나, 가위로 종이 자르는 것을 천천히 보여 주어야 합니다. 지도할 때 중심에 두어야 하는 것입니다.

넷째, 놀이할 때 쓰는 소재도 물, 모래, 흙, 그 밖에 헝겊 같은 것처럼 손과 손가락을 정교하고 치밀하게 움직일 수 있는 것을 준비해야 합니다. 더구나 찰흙은 중요한 소재입니다.

상상놀이

세 살 어린이들은 온몸 운동을 바탕으로 손과 손가락을 더욱 정교하고 치밀하게 움직입니다. 손과 손가락을 정교하고 치밀하게 움직이면 말이 발달합니다.

세 살 어린이는 두 낱말로 이루어진 문장이나 여러 낱말로 이루어진 문장을 쓰는데, 조사나 접속사가 붙고 말과 말 사이에도 관계가 생깁니다. "……와 ……." "…… 같다." "……이 아니라 ……이다." 같은 표현을 할 수 있습니다. 이러한 표현을 하는 것은 주어와 술어, 대상과 동작, 소유 같은 사물 사이의 관계와, 두 가지 결과를 하나로 짝지어 생각하거나, 자기 제어를 할 수 있다는 뜻입니다.

세 살 어린이들은 말이나 생각이 발달하면서 생활이나 어린이 집단을 매개로 자신이 다른 사람인 것처럼 상상하는 세계를 만듭니다. 상상하는 세계를 만들면 앞을 내다보며 행동하고, 자기를 제어하는 마음과 의지가 생깁니다. 또 이 세계는 말을 매개로 한 것으로 동무와 이미지를 공유합니다. 그렇게 해서 이미지는 더욱 뚜렷해지고 놀이도 잘 하게 됩니다. 또 이 세계가 생기면 어린이들은 동무들과 놀 때 늘 서로 부딪칩니다. 서로 상상하는 것이 대립하면 자아가 형성됩니다.

세 살 어린이 놀이에서 중심이 되는 상상놀이의 목적을 몇 가지 살펴보겠습니다.

목적

상상놀이는 구체적 사고와 추상적 사고 사이에 걸쳐 있는 다리입니다. 예를 들면, 어린이가 자동차를 운전하는 운전사가 되려고 하는데 둘레에는 종이 상자밖에 없습니다. 어린이가 운전사가 되고 싶다는 마음과 현실은 많이 어긋나 있습니다. 이렇게 어긋난 것을 어린이는 상상력으로 메워 갑니다. 말하자면 종이 상자를 자동차라고 생각합니다. 그리고 자신을 운전사라고 상상하고 종이 상자를 움직이면서 자동차놀이를 합니다. 이렇게 해서 상상놀이가 성립합니다.

상상놀이는 대상물을 자기가 상상하고 있는 것으로 생각하고, 거기에 거짓으로 꾸민 세계를 만듭니다. 어린이는 거짓으로 꾸민 세계라는 것을 알면서, 그 세계에 들어가기도 하고, 그 세계에서 다시 현실로 나오기도 하면서 놉니다. 이 놀이를 하려면 어린이가 현실에 얽매이지 않고 부드럽게 생각할 수 있어야 하며, 지적 활동을 할 수 있어야 합니다.

상상놀이는 사회성을 띤 놀이로 어린이들이 서로 관계를 맺고, 그 관계를 넓혀 가게 해 줍니다. 그러면서 현실에서는 할 수 없는 것을 할 수 있게 해 줍니다. 상상놀이를 하면 어떻게 해서 어린이와 어린이가 관계를 맺을 수 있을까요? 위에서 말한 자동차놀이를 생각해 봅시다. 이 놀이를 할 때는 혼자서 종이 상자 속에 들어가서 노는 것보다 한 아이가 종이 상자를 타고 있을 때 다른 아이가 뒤에서 "붕, 붕." 하고 밀어 주거나, "나도 태워 줘." 하고 다가와야 한결 상상놀이답습니다. 동무가 있어야 훨씬 더 잘 놀 수 있기 때문입니다.

어린이가 놀 때는 평소에 감동하고, 즐거워하던 것을 바탕으로 하여 놀 수 있게 해야 합니다. 상상놀이를 풍성하게 발전시키려면 어린이의 능력과 흥미에 여러 이미지를 연결시켜야 합니다. 더구나 생활 속에서 받은 감동과 기쁨을 자기 이미지에 따라 표현하고, 동무에게 서로 전하고, 서로 기뻐할 수 있는 능력을 상상놀이를 하면서 키워 나가도록 합시다. 상상놀이를 할 수 있어야 역할놀이를 할 수 있습니다.

놀이 방법

두 살 어린이들은 자기 생각을 중심으로 상상놀이를 합니다. 교사는 어린이 한 사람 한 사람의 이미지를 연결해 주어야 합니다. 세 살 어린이 반에서 놀이를 할 때 교사가 해야 할 일을 중심으로 이야기해 보도록 하겠습니다.

상상놀이는 두 살 어린이 반에서도 보이지만, 세 살 어린이 반에서 꽃핍니다. 그러나 어린이들만으로는 놀이를 잘 넓혀 가지 못하기 때문에 교사가 어린이들 속으로 들어가서 같이 놀아야 합니다. 교사가 방 안에서 어린이와 놀 때 "여기 주스요." "밥 먹어요." 하면서 접시에 나무 토막 장난감을 얹거나 종이를 얹어서 가지고 옵니다. 그 때 교사가 정말로 주스를 마시는 것처럼 꿀꺽꿀꺽 마시는 시늉을 하고 "아, 맛있다." 하면, 옆에서 다른 아이가 기다렸다는 듯이 "이거 커피예요. 빨대도 있어요." 하고 가지고 옵니다.

교사가 맛있는 듯이 먹거나 마시고 있으면 아이들은 싫증내지도 않고 계속 가져다 줍니다. 그러면서 교사가 "아파, 아파. 너무 많이 먹어 배가 아파." 하면서 주저앉으면 같이 놀지 않던 아이들도 "삐뽀삐뽀." 하면서 교사 곁으로 뛰어옵니다. 그 때 그 구급차에 타고 "빨리 의사 선생님께 가요. 아파요." 하면 또 다른 곳에서 의사 선생님이 블록으로 만든 청진기를 가지고 나타나서 "어디가 아파요?" "주사 놓겠어요." 하며 주사라고 상상한 것을 여기저기에 꾹꾹 찌릅니다. 간호사도 나타나서 "여기 약이에요." 하며 무언가를 건네줍니다.

이러한 놀이를 하고 있으면 아이들은 "선생님, 다음에 의사 선생님이 되어 주세요." 하고 말합니다. 교사가 '딩동' 하고 초인종을 누르고 집이라고 상상한 곳으로 들어가면 "이 애가 배가 아프대요." 하며 인형을 안고 옵니다. "너무 많이 먹었구나. 엄마가 맛있는 것을 너무 많이 먹였군요?" 하고 물으면, 진지한 얼굴로 "이 애가요, 자꾸 더 먹겠다고 하면서 말을 듣지 않았어요." 하고 평소에 이야기하듯 말을 이어나갑니다. 아이들은 어른들이 하는 말을 확실하게 듣고 있다는 것을 알 수 있는 대목입니다.

버스를 타고 동물원에 다녀온 다음에는 걸상에 차례대로 앉아 버스놀이를 합니다. 운전사는 어린이가 맡아서 하지만 교사가 함께 하지 않으면 마음대로 타고 내리고 해서 동무들끼리 관계는 잘 맺지 못하는 것 같습니다. 그 때 교사가 버스 안내원이 되어서 버스에 타고 "오른쪽에 보이는 것이 강입니다." "저기 비행기가 보입니다." "흔들리니까 조심하세요." 하면 교사가 손으로 가리키는 쪽을 보거나 걸상을 꽉 잡습니다. "동물원에 다 왔습니다. 물건을 놓고 내리지 않도록 잘 살펴보고 내리세요." 하면 모두 우르르 버스에서 내리는 시늉을 합니다.

"원숭이가 보인다." 하면 동물원에서 본 원숭이 흉내를 내면서 여기저기 뛰어다닙니다. "저기 펭귄이 있어요." 하면 금세 다른 아이가 펭귄이 되어서 몸을 부르르 떱니다. 다른 아이는 "펭귄이야." 하고 소리를 지르거나 먹이를 주면서 놉니다. 교사가 들어오면 도시락을 먹거나 버스로 돌아가기도 하면서 다음 행동을 이어서 합니다.

단순한 강아지놀이나 고양이놀이도 좋아합니다. 교사가 엎드려서 네 발로 기면서 "멍멍, 멍멍." 하면 아이들도 강아지가 되어 무리를 지어 돌아다닙니다. 자기 눈으로 본 것, 경험한 것을 실제 사물에 대입해서 보거나, 자기 자신이 운전수가 되었다고 생각하고 행동합니다.

이렇게 하면서 둘레 사람들이 하는 일이나 맡은 일을 확실히 바라볼 수 있습니다.

주의할 점

어린이들끼리 상상놀이를 하고 있을 때 교사가 끼어들면 어린이들이 가지고 있는 이미지를 소중하게 여기면서 함께 해야 합니다. 그리고 교사가 그 이미지에 녹아들어 어린이들이 공유하고 있는 상상 이미지를 넓혀 갈 수 있도록 해 줘야 합니다.

놀이에 끼어들지 못하는 아이가 있을 때, 예를 들면 서너 어린이가 엄마놀이를 하고 있고 그 옆에 같이 놀고 싶어하는 아이가 있을 때는 교사가 그 아이를 불러 손님이 되게 하여 같이 놀 수 있도록 해 줍니다. 그렇게 하면 서너 아이가 하는 놀이를 반 전체로 넓힐 수 있습니다.

세 살 어린이 반에서 상상놀이를 할 때 교사가 맡아서 해야 할 일은 어린이들의 이미지를 연결시키고 넓혀 나가는 것입니다. 어린이의 이미지에 녹아들 수 있는 교사가 될 수 있도록 해야겠습니다.

놀이를 할 때는 교사가 진짜 엄마처럼, 아기처럼 행동하도록 합시다. 과자라고 생각한 것을 먹을 때도 진짜 과자라고 생각하고 먹도록 합시다. 그렇게 해서 상상놀이는 풍성하게 발전합니다.

노래와 리듬

어린이들이 두 살 때 피아노나 노랫소리를 들으면서 온몸으로 리듬을 타고, 때로는 악어가 되어 헤엄치거나 기린이 되어 걸으면서 온몸으로 리듬을 느끼며 표현하는 것을 제대로 경험하면 세 살이 되었을 때 점점 리듬 놀이와 리듬 표현 놀이를 즐겁게 합니다. 두 살 때보다 자기 뜻에 따라 몸을 더욱 부드럽게 움직일 수 있으므로, 더욱 몸을 활발하게 움직이고 싶어합니다. 표현은 아직 흉내내는 시기입니다. 그렇기 때문에 교사가 움직이면 금세 그 흉내를 내고, 어린이 하나가 움직이면 곧 바로 범위가 넓어져 어느덧 반 전체가 움직일 때도 자주 있습니다.

단, 두 살 어린이와 조금 다른 점은 두 살 때는 사자가 되어 "으르렁, 으르렁." 하면서 진짜 사자가 된 듯이 움직이는 것이 재미있지만, 세 살이 되면 무엇이든지 상상하는 세계로 바꿔 버립니다. 그렇기 때문에 리듬 놀이와 리듬 표현 놀이를 할 때도 그 자체가 되어 버리는 것은 두 살 어린이와 조금도 다르지 않지만, 그것만으로는 뭔가 부족한 듯 느껴서인지 "선생님 풀 먹어요.""물도 마셔요, 꿀꺽꿀꺽." 하면서 반드시 말로 표현하는 아이들이 있습니다.

그런 점은 인정해 주고 "그래 맛있겠구나, 저기에도 맛있는 풀이 있어, 가 봐.""높은 곳에 있는 나뭇잎도 부드러워 보이는데." 하며 선생님도 점점 이야기를 만들어 나가면서 움직이면 완전히 그 기분에 빠져 "좀 더, 좀 더." 하며 리듬 놀이를 즐깁니다.

운동회 때 세 살 어린이는 리듬 표현 놀이를 자주 합니다. 어느 해 세 살 어린이 반에서 한 놀이를 예로 들어보겠습니다.

이 반은 한 살, 두 살 때부터 음악에 맞춰 움직이는 것을 아주 좋아해서 리듬 표현놀이를 하기로 했습니다. 얼룩말이 되어 걷거나 달리거나 풀을 뜯어 먹거나 하는 것입니다. 잰걸음으로 걷기, 발끝으로 걷기, 그 자리에서 두 발을 한꺼번에 들고 뛰어오르기, 달려가서 마지막으로 뛰어오르기 같은 활동을 섞어서 만들었습니다. 음악도 미네요가 만든 '얼룩말 노래'를 중심으로 그것을 여러 가지로 재구성했습니다. 아이들은 음악에 맞춰 움직이는 것을 좋아하기 때문에 모두가 펄쩍 뛰어오르며 아주 좋아하였습니다. 그런데 몇 번이나 똑같이 움직이다 보니 점점 활발하던 모습은 사라지고 시들시들해졌습니다. 운동회 실행위원회에서 검토해 보니 이야기가 빠진 데 문제가 있었습니다. 그래서 이야기를 넣어서 마음껏 놀기로 했습니다. 모양을 만드는 것은 그 다음부터 해도 좋다고 결론내렸기 때문입니다. 다음 날부터 얼룩말이 살고 있는 밀림에서 놀아 보았습니다.

"밀림은 더워요. 얼룩말님 목이 마르다고요. 냇가에 물 마시러 갈까요." "얼룩말님, 나무 밑에서 쉬고 있어요." "나뭇잎을 맛있게 먹고 있네요." 같은 이야기를 만들어 가면서 여러 가지 표현을 해 나갔습니다.

음악은 거의 그 자리에서 감흥에 따라 만들었지만 분위기를 띄워 주었습니다. 그렇게 놀이를 넣어서 하니까 점점 생동감을 되찾았습니다. 그뿐만 아니라 어린이들도 점점 몸짓을 만들면서 움직였습니다.

"사자가 덮쳤어요. 얼룩말은 어떻게 이길 수 있을까요?" 하자 어린이들은 두 손을 바닥에 대고 뒤로 발길질을 했습니다. 좋다고 생각하고 재빨리 구성에 넣었습니다.

그렇게 날마다 어린이들은 얼룩말이 되어 살았습니다. 그 놀이에서 떠오른 이미지를 바탕으로 하여 운동회날에는 한 사람 한 사람이 자기 나름대로 생각해서 움직이고, 아주 생기 있게 리듬을 표현하는 놀이를 즐겼습니다.

이처럼 이야기를 듣거나 그림책을 보면서 이미지를 점점 부풀려 표현 활동을 하면 어린이들은 하고 싶은 마음이 넘쳐흘러 점점 활발하게 움직입니다.

이 시기에는 아직 흉내를 내면서 움직입니다. 손도 완전히 다 뻗을 수 없습니다. 다리 힘도 아직 약합니다. 그렇기 때문에 어떠한 모양을 만들어 놓고 그대로 움직이게 하기보다는 아이가 움직이거나 스스로 모양을 만드는 것을 확실히 인정해 주고, 흉내내려는 것에 완전히 빠져들어 움직일 수 있도록 분위기를 이끌어 가야 하겠습니다.

그러나 어린이들이 움직이는 것을 가만히 보고 있으면, 교사를 그냥 따라만 하지 않고 교사나 동무들과 같이 움직이려고 노력하는 모습이 보입니다. 허리를 굽히고 발뒤꿈치를 세우고 오리가 되어 걸을 때는 선생님을 보면서 자기도 열심히 발뒤꿈치를 들고 움직이려고 합니다. 그릴 때는 "이렇게 해서 움직이면 발뒤꿈치를 세우기 쉬워요." 하면서 몸짓을 보여 주거나 움직이는 방향을 보여 주어야 합니다.

두 살 때와 마찬가지로 온몸으로 리듬을 받아들이고 표현할 수 있으므로 마음껏 움직이면서 생활할 수 있도록 해 줍시다.

표현 활동

흙과 찰흙 놀이

조형 활동의 준비

세 살은 발달의 질적 전환기인 네 살을 바로 앞에 두고 있는 아주 중요한 시기입니다. 이 시기에는 두 살 시기에서 대상이나 사람과 관계를 맺으면서 익힌 물건을 쓰임새에 맞게 쓰는 능력과, 말과 이미지 그리고 자립하고 싶어하는 마음을 바탕으로 행동한 뒤에 뜻을 붙이는 상상놀이를 하는 것이 특징입니다.

어린이들은 자기가 다룰 수 있으면 어떤 대상물도 다루어서 자기가 소중히 여기는 엄마, 자동차, 토끼 따위로 상상하며 놀려고 합니다. 하지만 어린이들은 서로 다른 두 요소를 한 개 이미지로 만드는 것이 서툴고, 서로 관련시켜 상상하는 것도 잘 못 해서 같은 일을 몇 번이나 되풀이합니다.

물, 모래, 흙, 찰흙, 종이 | 어린이가 상상놀이를 할 때는 둘레에 있는 보육 도구, 장난감과 인형, 자연에서 만난 소재를 보고 하지만, 물, 모래, 흙, 찰흙, 종이 따위를 써서 놀기 때문에 스스로 움직여서 하는 활동이 될

수 있습니다. 이런 소재는 모양이 바뀌기 쉽고, 어린이가 완전히 자유롭게 활동할 수 있기 때문에 상상놀이를 활발하게 할 수 있게 만듭니다.

장난감과 인형은 나이마다 단계에 맞게 발달하도록 하기 위해서 만들기 때문에, 상상놀이를 할 때 이용 가치가 한정되어 있습니다. 물론 장난감이 발달에 미치는 몫은 더 강조되어야 합니다.

또, 어린이집이나 아이의 집, 더구나 자연 속에서 마주치는 소재를 가지고 활동하는 것은 어떤 뜻에서 보면 우연히 하는 것입니다. 어떻게 하더라도 부모나 교사에게 꾸중듣지 않고 자기를 표현할 수 있는 소재는 물, 모래, 흙, 찰흙, 종이 따위가 아닐까요? 세 살 시기에 이들 소재를 다루면서 놀면 네 살 시기에 조형 활동을 할 수 있습니다.

흙과 찰흙의 좋은 점

앞에서 소개한 몇 가지 소재 가운데 세 살 어린이에게 꼭 주고 싶은 중심 소재는 흙과 찰흙입니다. 물이나 모래는 두 살부터 세 살까지 또는 그 뒤에도 활동할 때 바탕이 되는 소재이며, 어린이의 활동을 더욱 발전시키는 가위질은 세 살 다음 단계를 준비하는 소재라 할 수 있습니다.

흙과 찰흙 놀이의 뜻 | 흙과 찰흙을 다루는 놀이에 담긴 뜻을 생각해 보겠습니다. 첫째, 흙놀이나 찰흙놀이를 하면서 어린이는 마음을 표현하고, 손이 발달합니다. 흙이나 찰흙을 모아서 반죽하거나 둥그렇게 뭉치면서 손 솜씨가 발달하고, 가위나 목공에 쓰이는 도구 같은 것을 다루는 능력을 배운다고 할 수 있습니다.

둘째, 흙놀이나 찰흙놀이를 하고 나면 뒷정리를 하고, 손을 씻거나 옷을 갈아입어야 하기 때문에 어린이가 빨리 자립할 수 있습니다.

그리고 무엇보다도 중요한 것은 흙과 찰흙이라고 하는 소재에는 어린이를 새롭게 바뀌게 하는 힘이 있습니다. 첫 번째나 두 번째 뜻은 이 세 번째 뜻에서 갈라져 나오는 것입니다.

발달에 미치는 영향 | 흙이나 찰흙처럼 자연에서 얻은 소재가 발달에 미치는 영향에 대하여 생각해 봅시다.

• 손과 손바닥 감각을 자극한다

흙이나 찰흙은 손바닥에 닿을 때 모래를 쥐는 것보다도 시원하고 산뜻합니다. 흙이나 찰흙을 꽉 쥐면 손과 손바닥 감각이 자극됩니다. 어린이가 찰흙을 가지고 놀 때 손과 얼굴을 주의 깊게 살펴봅시다. 이제까지 물과 모래로 많이 놀아 보아서 이것들과 가까워져 있으면 흙을 꽉 쥘 때 천천히 손가락 사이로 흙이 새나오는 것을 뚫어지게 보고, 마지막에 손가락을 펴서 뭐라 말할 수 없는 얼굴로 자기 손을 내려다볼 것입니다.

이처럼 흙은 물기가 알맞게 있기 때문에 어린이가 흙을 쥐면 뿌듯해 합니다. 또, 찰흙은 흙 알갱이가 뭉친 것이기 때문에 손바닥보다도 손끝을 자극하여 더욱 매끄러운 느낌을 받을 수 있습니다.

• 마음 속으로 아주 만족한다

모래와 함께 흙과 찰흙은 어린이가 움직이는 범위 속에만 있으면 어린이들이 스스로 찾아 내고, 스스로 손으로 모아 손이 움직이는 대로 생각나는 대로 다루고, 자기 나름대로 상상놀이를 합니다. 그리고 더 발전시킬 수 없을 것 같으면 만들어 놓은 것을 허물고 또다시 만드는 것을 되풀이합니다. 흙과 찰흙으로 놀 때는 이렇게 사람이 활동할 수 있는 모든 과정을 스스로 경험할 수 있습니다. 단, 행동하는 목적은 낮고, 이미지는 행동하고 난 뒤에 만들어집니다. 따라서 흙과 찰흙은 세 살 어린이 스스로 몸을 움직여 활동하고 싶어하는 마음을 채워 줍니다. 어린이가 그렇게 하지 않으면 하게 만들어야 합니다.

이렇게 어린이는 교사나 소재에 방해받지 않고 스스로 활동을 마무리할 수 있으면 마음 속으로 아주 만족합니다.

어린이들이 흙놀이를 마음껏 할 수 있게 흙놀이하는 곳을 마련해 둡시다. 그리고 찰흙도 늘 쓸 수 있는 상태로 해 놓아야 합니다.

• 발달 수준, 나이, 태어난 달에 얽매이지 않는다

흙과 찰흙은 모양이 바뀌기 쉬워 발달 수준이나, 나이, 태어난 달이 어떻든 누구나 자기 나름대로 갖고 놀 수 있기 때문에 어린이는 흙놀이와 찰흙놀이를 좋아합니다. 흙과 찰흙은 손동작이나 손 솜씨가 더딜 때는 이것을 확실하게 발전시켜 주므로 네 살이 지난 아이나 발달이 빠른 아이에게도 중요한 놀이 재료입니다. 흙과 찰흙은 처음 이것을 다루는 단계부터 유아기와 아동기 전체에서 중요한 구실을 합니다.

• 만들고 나서 바로 놀 수 있다

흙과 찰흙으로 활동할 때는 그 소재들을 다뤄서 나름대로 모양을 만들고, 궁리 끝에 만든 작품을 갖고 상상하며 노는 일이 대부분 겹쳐 있어서 만들고 나서 바로 놀 수 있습니다. 종이나 나무를 가공하는 것처럼 그것을 갖고 놀 때까지 작업을 오래 하거나, 계획을 세우지 않아도 됩니다. 그 점에서도 흙과 찰흙은 세 살 어린이에게 알맞은 놀이 재료라고 할 수 있습니다.

모래, 흙, 찰흙을 주는 차례

소재를 생각하면 모래, 찰흙, 흙 차례로 주어야 합니다. 실제로 초등학교 이과 과목 '흙' 단원에서는 모래와 찰흙이 섞여 흙이 되기 때문에 앞의 차례대로 주는 것이 맞다고 나와 있습니다.

그러나 어린이의 발달 차원에서 본다면 모래, 흙, 찰흙을 차례로 겪어 보게 하면서 모든 놀이를 되풀이하고, 발전시켜 가도록 해야 합니다.

두 살에는 모래를 ㅣ 모래는 그 위에서 잘 걸을 수 있고, 손도 자유롭게 움직일 수 있고, 손에 닿으면 느낌이 좋아서 다가가기 좋습니다. 한 살 끝 무렵과 두 살에 들어설 때는 아직 쥐는 힘이 제대로 없고, 손바닥과 손가락을 하나로 어우러지게 해서 잘 움직이지 못하는데, 이 때 모래는 손바닥 전체에 자극을 줘서 감각을 느끼게 하고, 손의 감각 운동을 불러일으켜 줍니다. 살랑살랑한 본디 모래보다 어느 어린이집에나 있는 잔모래와 돌이 섞인 모래가 좋습니다.

이 시기의 어린이에게 모래와 조금 다른 감각을 느끼게 하기 위해서는 흙이나 밀가루를 만지게 하는 것도 좋지만, 소재가 지닌 가치는 모래보다 낮다고 할 수 있습니다.

세 살부터 흙을 | 세 살이 되고부터 의자나 장난감 같은 사물을 한 손으로 확실하게 잡는 힘이 생깁니다. 마침 이 시기부터 말을 제법 하고, 자신이 중요하다고 여기는 것을 이미지로 만들고, 상상놀이를 조금씩 합니다. 이 때야말로 흙을 만지도록 하는 것이 좋습니다.

모래는 어린이가 손으로 확실하게 쥐지 못하고, 그릇 같은 도구를 쓰거나 모래밭 전체를 무엇인가로 상상해서 만들지 않으면 그것만으로는 이미지를 만들어 내지 못합니다. 그러나 흙은 물을 섞어 짓이기거나 두드리거나 쥐면서 그것을 빵이나 사과라고 상상합니다. 두 살 어린이 반이 끝날 무렵부터 세 살 어린이 반이 시작하는, 물에 닿는 것도 상쾌한 3월에서 5월에 걸쳐서 반드시 흙을 만지도록 해 줍시다.

세 살 후반기부터 찰흙을 | 세 살이 지난 어린이에게 찰흙이 아닌 흙부터 먼저 주는 까닭은 이 시기에는 찰흙을 떼고 잡을 때처럼 손끝 힘이 있어야 할 수 있는 일은 아직 힘들어하기 때문입니다. 찰흙은 너무 차져서 나름대로 손을 대서 모양을 만들어도 아직 무엇인가로 상상하기 힘듭니다.

그러나 흙보다 조금 늦게, 세 살 중반을 지나서 이미지로 무엇인가를 제법 만들 수 있으면 찰흙을 주어야 합니다. 흙만으로 동그란 새알 같은 모양을 만들게 하는 것보다도 찰흙을 넣어서 동그란 모양뿐 아니라 끈이나 과자 같은 모양도 만들어 사물이나 사람으로 상상하게 합니다. 그리고 찰흙은 흙보다도 상상놀이를 훨씬 폭넓게 할 수 있게 해 줍니다. 그러므로 세 살 어린이에게는 흙과 찰흙 놀이를 확실하게 하도록 해서 다가오는 네 살을 준비하도록 해 줍니다.

찰흙놀이 방법

찰흙놀이의 발전 | 세 살이 되고부터 흙이나 찰흙을 주면 어린이들은 표 6에서 보듯이 흙놀이와 찰흙놀이를 발전시켜 갑니다. 세 살 시기에는 가정하는 활동과 의도하는 활동을 굳이 나누면 가정하는 활동을 합니다.

그런데 세 살 어린이는 보고 판단하는 활동을 어떻게 해 나갈까요? 표 7은 세 살 어린이가 찰흙놀이를 하는 것을 관찰하고 정리한 것입니다.

찰흙놀이의 지도 | 세 살 어린이가 찰흙놀이를 할 때 교사가 무엇을 해야 하는지 살펴보겠습니다.

● 손으로 할 수 있는 것을 알기 쉽게 말해 준다

보통 작품 전시회 같은 것을 하기 위해서 일정한 모습을 보여 주고 지도하기도 하는데, 이렇게 하는 것은 세 살 어린이에게 맞지 않습니다.

표 6 흙놀이와 찰흙놀이가 발전하는 과정

시기		나이	흙놀이		나이	찰흙놀이
			진흙탕놀이	조형놀이		
감각 운동 시기		두 살 후반부터			두 살 후반부터	
의미를 붙이는 시기	가정하기	세 살 부터	흙을 모아 놓고 산 같은 것으로 가정한다.	울퉁불퉁한 새 알을 만든다.	세 살 후반 부터	울퉁불퉁한 덩어리, 납작한 과자, 끈 모양을 만든다.
	의도하기	네 살 부터	물길을 이어지게 하든지 산에 구멍을 뚫든지 한다.	소꿉놀이를 할 생각으로 새알을 만든다.	네 살 후반 부터	두 개 이상을 결합하든지 겹쳐 만든다. 만든 그릇에 새알을 가득 채운다.(2차원 조형)
창조 활동 시기		여섯 살 부터	진흙탕놀이 하는 곳 전체를 유원지나 교통 기관, 자연 같은 곳으로 설계해 가면서 논다.	매끄러운 새알을 만든다.	여섯 살 부터	사람, 동물, 구조물을 전체와 부분으로 표현하여 입체감 있게 만든다.(3차원 조형)

정리 : 데라다 모리세키

이런 방식은 세 살 어린이가 찰흙을 손에 대기 전부터 특정한 사물을 떠올리게 하고 만들라고 시키는 것이나 마찬가지입니다.

이 단계는 손으로 사물을 다루는 활동이 앞서는 시기이므로, 손으로 할 수 있는 여러 가지 방법을 알기 쉽게 말해 주어야 합니다. "쭉, 쭉, 해 볼까." "찰흙이 예쁘구나, 예쁘다." "책상 위에서 데굴데굴 굴려 볼까." 같은 말을 해 줍니다.

물론 교사도 동물이나 사람을 제대로 만드는 것이 아니라 어린이와 똑같이 새알이나 뱀, 납작한 과자, 빵을 만들어야 합니다. 그리고 어린이가 작품을 하나 만들면 "이것은 뭐지?" 하고 묻거나, "이것은 …… 같다." 하고 말해 주고, 어린이가 "…… 같다." 할 때 공감해 줘야 합니다.

● 많이 만들어 보게 한다

어린이가 작품을 만들면 교사들은 더 잘 만들게 하고 싶어서 "이번에는 더 동그란 새알을 만들어 보자." 하거나, 우연히 찰흙덩어리가 서로 달라붙은 것을 제대로 붙여 보라고 합니다. 그러나 이렇게 하기보다도

표 7 **찰흙놀이의 유형**

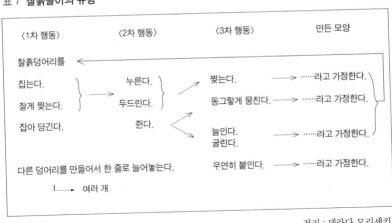

정리 : 데라다 모리세키

한 가지 한 가지를 확실하게 만들게 하고, 상상 이미지를 풍부하게 만들어 나갈 수 있도록 "더 만들어 보자." "이번에는 이렇게 하자." 하고 말해 주어야 합니다.

많이 만들어서 작품을 줄지어 늘어놓는 동안에 우연이 우연을 부르고 그 사이에 우연이 사라지면서 네 살 후반기부터는 2차원 조형이라고 할 수 있는 상상 조형으로 나아갑니다.

●교사와 어린이가 놀이를 같이 한다

세 살 어린이가 찰흙으로 만들기를 할 때도 일정한 모양이 있는 사물이나 그릇 같은 도구를 써서 사람과 사람이 함께 하는 놀이로 만들어야 합니다. 이 때는 어린이와 어린이가 함께 하는 집단 놀이, 즉 역할놀이가 아니라, 교사와 어린이가 함께 단순하게 하는 상상놀이를 중심으로 합니다. 어린이가 만든 것을 밥이나 빵으로 생각하고 정말로 먹고 있는 것처럼 "고마워요, 잘 먹겠습니다." "이 빵은 맛있네." 하면서 어린이가 잘 만들 수 있게 자극해야 합니다.

또 세 살 어린이는 식구 하나하나를 확실히 알아볼 수 있기 때문에 "이번에는 오빠 줄 빵을 만들자." 하며 양에 도전해 보게 하는 것도 좋습니다. 어린이와 어린이가 함께 놀이를 하는 것도 중요합니다.

■참고 문헌

《아동 심리학 시론》, 심리과학연구회 글
《손으로 생각한다》, 마루야마 나오코 글
《점토로 만든다》, 하마모토 마사히로 글
《조형놀이》, 마토바 이사무 글

그림 그리기

그림 특징

세 살 중반부터 네 살 중반까지 그림을 그릴 때는 동그라미 모양을 그리며, 동그라미에 기대어서 생각을 이야기하면서 스스로 그 그림이 무엇이라고 상상합니다.

두 살 시기에는 단순히 손 운동을 따라 그림을 그리다가 세 살 시기에는 말과 이미지를 확실하게 결합하여 그리므로 그리기, 말하기, 이미지 만들기가 섞여 나타납니다. 이 과정은 모양을 표현하는 그림을 그릴 때까지 나타나는데, 이는 표현의 질적 전환을 준비할 뿐만 아니라, 대여섯 살 시기에 풍성하게 그림을 그릴 수 있는 바탕이 됩니다.

그림을 그릴 때는 이런 특징에 맞춰서 자신이 생각하는 것을 풍부하게 그릴 수 있도록 해 줘야 하는데, 그렇게 하기 위해서도 그림 그리기 활동이 어떻게 발달하는지 눈을 돌려 봅시다.

발달 과정

빗금에서 **모양으로** | 두 살이 지날 즈음에는 손 운동을 따라 가면서 반무의식 상태로 그림을 그립니다. 조금 지나 두 살 4, 5개월쯤 되면 적극 나서서 생각하는 활동이 됩니다. 이렇게 두 살 전반기에 그림을 그릴 때는 어깨 또는 팔꿈치의 한 점을 지점으로 하고 팔이 반지름이 되어 활 모양처럼 왔다 갔다 하며 움직입니다. 하지만 두 살 중반 무렵이 되면 팔꿈치와 어깨 두 점이 조금씩 어우러지면서 동그라미를 계속 그립니다. 두 살 후반기에는 팔꿈치와 어깨가 어우러지면서 운동 기능이 발달해서라기보다 두 살 중반을 넘어 많이 웃고, 마음이 안정되어 그 기운이 평온하게 밖으로 퍼지기 때문에 동그라미를 계속 그릴 수 있습니다. 그리고 세 살 무렵에 팔꿈치와 어깨가 완전히 어우러지면서 동그라미를

이어서 그릴 수 있습니다. 두 살 중반부터 세 살 무렵까지와 다섯 살 무렵에 표현하는 그림은 질이 다르고, 또 눈에 띄게 발전합니다.

이렇게 질이 달라지는 것은 눈앞에 없는 것을 이미지로 만드는 힘이 생기고, 실제로 떠오른 이미지를 표현하려고 충실하게 손을 움직이는 힘이 생겼기 때문입니다. 그리고 말이 이 두 가지 힘을 뒷받침해 줍니다. 예를 들어, 동그라미를 "엄마예요." 하고 말하면서 뜻을 불어넣거나, 동그라미를 이러저러한 물건으로 상상해서 이야기를 하면서 이 두 가지 힘을 뒷받침해 줍니다.

이 활동이야말로 세 살을 중심으로 네 살까지 이어지는 가장 중요한 활동입니다. 따라서 이 시기에는 이 활동을 풍부하게 펼쳐 나갈 수 있도록 하려면 무엇을 배려해야 하고, 마련해 주어야 하는지를 생각하는 것이 지도의 핵심입니다.

뜻이 없던 그림에서 뜻이 있는 그림으로 ┃ 세 살이 되기 전에는 빗금을 마구 그은 것을 손가락으로 가리키며 이것은 무엇이다 하고 뚜렷하게 이야기하지 못합니다. 그러나 손과 말이 어우러지는 것은 중요합니다. 세 살이 지나면 동그라미를 가리키며 "이거 엄마다." 같은 말을 하면서 그림에 뜻을 붙입니다.

이것은 이제까지는 단순한 손 운동으로 그림을 그렸는데, 이 때부터는 이미지와 단단히 결합하여 뜻이 없던 그림에 뜻을 붙이는 중요한 활동을 한다는 뜻입니다. 그러나 뜻을 붙일 때는 처음부터 '어머니를 그린다.' 하고 목적을 세워 그리는 것은 아니고, 먼저 손을 놀려 그린 것을 나중에 엄마로 상상하고 뜻을 붙입니다. 이것은 손이 움직이는 데 따라 뜻을 붙이는 것이고, 목적을 나중에 갖다 붙인 것입니다. 이렇게 그림에 뜻을 붙이는 활동을 여기에서는 상상 활동이라고 하겠습니다.

이 시기에는 그림을 그릴 때 이미지와 말을 결부시키지만, 그것이 아직 중심 구실을 해내지는 못합니다. 그렇기 때문에 처음에는 엄마로 상

표 8 뜻 없는 빗금에서 뜻 있는 그림으로 가는 과정

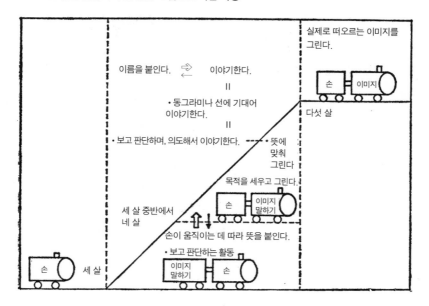

상하고 뜻을 붙였는데, 나중에는 완전히 다른 뜻을 붙이는 일도 자주 일어납니다. 이것은 어린이가 거짓말쟁이여서가 아니라 오히려 이미지가 풍부해져서 일어나는 현상이라고 할 수 있습니다.

상상 활동을 바탕으로 하여 머지않아 목적을 세우고 처음부터 엄마라고 생각하고 뜻을 붙여 동그라미를 그립니다. 이와 같이 뜻에 맞춰 그림을 그리는 것은 앞서 말한 활동과 조금 다른 상상 활동입니다.

이처럼 말은 그림을 그릴 때 목적을 주고, 말에 담긴 뜻을 실제 이미지인 그림으로 표현하는 과정에서 큰 구실을 합니다.

이름 붙이는 데서 이야기하는 것으로 | 세 살, 더구나 전반기에는 그림을 그리고 이름을 붙일 때 "이거 엄마." "코끼리." 하는 것처럼 일 대 일로 이름을 붙이고, 결과를 놓고 볼 때 낱말로 뜻을 붙이며, 또 뜻을 붙인 것들끼리 관계가 적다가 점점 서로 관계가 깊어져 마침내 상상 활동으로

나아갑니다.

또 동시에 이름 붙이는 일도 충실하게 합니다. 예를 들면, 모두 '알'이던 것이 '아빠 알' '엄마 알' '오빠 알' 따위로 되거나, '사자' '사과'처럼 서로 관계가 적은 것들로 이름을 붙이다가 점점 '사자' '코끼리' '기린' 따위로 점점 관계가 깊은 것들로 이름을 붙여 갑니다.

동그라미에서 직선으로, 닫힌 동그라미로 | 세 살 무렵에는 동글동글 동그라미를 그리다가 손목을 조절하는 힘이 자라면 시작과 끝이 확실한 제대로 된 직선을 그을 수 있습니다. 더구나 세 살 중반이 되면 두 발 뛰기를 할 수 있는 것처럼 온몸 운동 기능이 충실해지면서 이를 바탕으로 닫힌 동그라미를 그릴 수 있습니다.

닫힌 동그라미를 그릴 수 있다는 것은 눈과 손이 잘 어우러지고, 스스로 손과 손가락을 조절할 수 있는 힘이 생겼다는 뜻입니다. 이처럼 동그라미는 어린이에게 가장 자연스러운 모양이고, 어린이가 맨 처음 익힌 도형이라고 할 수 있습니다.

그리고 네 살 무렵에 이르러서는 풍부해진 말을 바탕으로 동그라미를 그리고, 동그라미에 기대서 생각을 말하는 상상 활동이 가장 충실해집니다.

동그라미에 담긴 풍부한 이야기

네 살 시기에 동그라미를 그리고 동그라미에 기대어 생각을 이야기하는 것은 상상하는 힘이 충실하게 이루어지는 모습이라고 할 수 있습니다. 왜냐하면, 처음부터 목적을 가지고 닫힌 동그라미를 그린 것이고 그 동그라미 속에 넘치는 생각이 담겨 있기 때문입니다.

우리는 이 활동을 중요하게 생각하고, '화면 가득 동그라미를 그리고 이야기하는 모습이야말로 어린이들이 실제 이미지, 즉 모양을 표현할 수 있다는 것을 알리는 서곡이다.'는 표어를 만들어 왔습니다.

여기에 귀를 기울일 때 어린이들은 생활과 놀이에서 받은 모든 감동을 이야기하고 있다는 것을 깨달을 수 있습니다. 화면 가득 동그라미를 그리고 이야기하는 힘은 동무들과 함께 서로 어울리고, 평소에 "선생님 ……래요." 하고 말해야만 하는 기운찬 생활을 할 때 생깁니다.

동그라미 그림에 담긴 풍부한 이야기는 충실한 생활과 그림 그리기가 확실하게 결합되어 있고, 어린이가 말하는 것을 공감하면서 받아들이고 이야기하는 교사의 자세와 정비례합니다.

어린이들이 화면 가득 동그라미를 그리고 풍부하게 이야기할 수 있도록 어린이를 키우고, 그림 그리기를 지도합시다.

주의할 점

이 시기에 그림을 그리는 것은 선이나 동그라미 하나에 생각을 담아서 이야기하는 상상 활동이기 때문에 그림 속에 어른에게 생각을 전하고, 이야기하고 싶어하는 바람을 담고 있습니다. 또 그림의 내용은 동그라미라는 모양에 나타나 있는 것이 아니라 동그라미의 뜻, 말하자면 이야기에 있다고 할 수 있습니다. 어린이의 그림은 보는 것이 아니라 듣는 것입니다.

또 어린이들은 동그라미에 풍부한 감정을 담고 있기 때문에 그 안에 담겨 있는 말은 단지 그림을 설명하는 것만이 아니며, 우리가 어린이들이 하는 말을 확실하게 받아들인다는 것도 단순히 그림에 담긴 뜻만 이해한다는 것이 아닙니다. 어린이들은 그림에 생활에서 받은 감동을 표현하기 때문에 어린이들이 하는 말을 받아들이는 것은 그 감동에 공감하는 것이고, 이렇게 할 때 어린이는 감정이나 표현하고 싶어하는 마음이 더욱 북돋워집니다.

자칫하면 그림 그리기는 손으로 모양을 그리는 것이고, "선생님 ……래요." 하고 말로 전하는 활동과 다른 것처럼 생각하기 쉽습니다. 물론 세 살이 되기 전에는 이야기를 담아서 그림을 그리지 않습니다.

어린이들은 그림을 그리면서 그저 도형의 모양을 그리는 것이 아니라 촉촉한 감성과 사람다운 감정, 그리고 가슴에 담긴 생각을 이야기하는 힘과 주체성을 키운다는 사실을 잊지 말아야 합니다. 그리고 그 힘은 머지않아 네 살부터 다섯 살 시기에 모양 그 자체를 그릴 수 있는 능력을 뒷받침할 뿐만 아니라, 대여섯 살 시기에 실제 이미지에 기대어 생각을 풍부하게 이야기할 수 있는 바탕이 됩니다.

세 살부터 네 살에 걸쳐서는 말이 아주 빨리 발달합니다. 생활 속에서 풍부하게 쓰는 말을 그림 속에서도 확실하게 이야기할 수 있도록 키워야 합니다. 그렇게 하기 위해서는 무엇보다도 먼저 어린이가 이야기할 때 웃으며 공감하면서 받아들일 수 있어야 합니다. 예를 들면, 세 살 전반기에서는 어린이가 "이거 사과." 하고 뜻을 붙이면 "그래 이거 맛있는 사과야! 선생님이 먹어도 돼? 와아, 맛있다." 하고 공감해 주거나, "이걸 맛있는 사과라고 했어요." 하며 어린이가 이름 붙인 것을 모두에게 전하고, 때로는 "이거 뭐야?" 하고 물어 봐서 어린이가 풍부하게 그림에 이름을 붙일 수 있도록 이끌어 주어야 합니다. 그리고 점점 그림에 담긴 이야기를 이끌어 내고, 어린이가 이미지를 넓혀 가고 이야기를 더욱 풍부하게 할 수 있도록 말을 걸어 주고 이야기를 잘 들어주어야 합니다. 그리고 동그라미에 기대어 이야기할 때 서로 공감할 수 있고, 즐겁게 그림을 그릴 수 있도록 반 분위기를 만들어야 합니다.

현실에서는 한꺼번에 여러 아이들이 이야기하는 것을 받아 주기 어렵지만, 이 시기 어린이들에게는 선생님에게 이야기하는 것이 뜻있는 일이기 때문에 되도록 일 대 일로 확실하게 이야기를 들어줄 수 있도록 애써야 합니다.

그리고 궁핍한 상상력으로 도깨비, 불, 괴물 같은 이름을 붙이는 것이 아니라 식구나 선생님 또는 동무 이름을 이야기하고, 어린이집에서 놀거나 생활하면서 감동받은 것과, 그림책에서 본 이미지처럼 어린이가 경험한 것을 포함해서 가치 있는 이미지를 생기 있게 이야기할 수 있도록 키워야 합니다.

다음으로 생활과 표현을 이어 주기 위해서는 늘 종이와 재료를 준비하고 언제든지 그릴 수 있는 조건을 만들어 놓는 것도 중요하지만, 그것만으로는 어린이들이 그림을 활발하게 그리거나 내용을 깊이 있게 채울 수는 없습니다. 동그라미나 선을 그리고 이야기하면 선생님이 공감하면서 받아들여 준다는 즐거움을 알게 될 때 어린이들은 스스로 나서서 그림을 그립니다.

어린이는 자연스레 풍성하게 그림을 그리는 것이 아니라 교사가 목적을 세워 키워 나갈 때 그림을 그릴 수 있습니다. 종이는 질 좋은 도화지보다 까칠까칠한 종이나 모조지 같은 것이 좋고, 도구는 크레파스보다는 조금 더 굵은 사인 펜이나 수성 매직펜처럼 매끄럽게 그릴 수 있는 것이 그리기 쉽고 이야기하기 좋습니다.

또 이 시기 어린이들의 마음을 읽어 갈 때 바탕을 빈틈없이 칠하는 것을 그냥 넘기면 안 됩니다. 세 살, 네 살 어린이들이 그림을 그릴 때 이렇게 많이 하는데, 이는 동그라미를 그리는 경우와는 반대로 마음이 밖으로 드러나지 않고 안으로 숨어드는 모습으로, 마음이 불안정한 어린이들이 이렇게 많이 합니다. 또 한때 바탕을 빈틈없이 칠할 때는 어린이집 생활에 익숙하지 않거나, 동생이 태어났거나 해서 정신이 불안할 때인 것 같습니다.

따라서 이 상황은 그림만 그리는 것이 아니라 생활과 전체 활동을 하면서 이겨 내야 하므로 어린이가 바탕을 빈틈없이 칠할 때는 그 아이를 어떻게 만나야 할지 고민하도록 과제를 던져 주는 메시지로 생각하고 받아들여야 합니다.

역할놀이와 연극놀이

역할놀이의 뜻

세 살 어린이는 말을 하고, 자기 주장이 확실해지고, 집단 행동을 이전보다 강하게 하려고 하는데, 이 시기에 놀이를 할 때는 초보 수준에서 역할놀이를 하는 것이 가장 큰 특징입니다. 역할놀이가 궤도에 오르면 세 살 어린이는 놀랄 만큼 놀이에 빠져들고, 표정이 밝아지며, 진지해집니다. 역할놀이를 빼고서는 세 살 시기가 성립할 수 없습니다.

세 살 어린이는 마음속에서 어른이나 자기보다 나이 많은 아이가 활동하는 것을 강렬하게 동경하면서 역할놀이에 빠져듭니다. 교사가 먼저 이 점을 확실히 깨닫고 있어야 세 살 어린이가 역할놀이할 때 방향을 정해 줄 수 있습니다.

한 살과 두 살 어린이도 어른이나 나이 많은 아이들처럼 하고 싶어하는 마음이 강합니다. 한 살과 두 살 때는 어떻게든 자기도 나이 많은 아이들처럼 해 보려고 열심히 흉내를 냅니다. 흉내내 보고 싶은 마음이 있는 만큼 걷는 데 도전해서 걷고, 말을 배우고, 사회화된 생활 관습을 몸에 익힐 수 있습니다. 그렇게 해서 한 살과 두 살 어린이는 흉내를 내면서 조금씩 놀이를 합니다. 이것이 어른과 함께 산다고 하는 두 살 어린이가 하는 흉내놀이로, 자기보다 나이 많은 사람과 같은 행동을 할 수 있는 것이 기쁘기 때문에 이렇게 놉니다. 이처럼 두 살 어린이는 주로 자기보다 나이 많은 사람이 하는 행동을 흉내내며 놉니다.

세 살이 되면 나이 많은 사람들처럼 하고 싶어하는 마음이 강해져서 여러 활동을 합니다. 그렇기 때문에 이제 흉내만 내면서 놀지 않습니다. 아빠 흉내를 내는 것이 아니라 자신이 아빠가 되었다고 상상합니다. 이렇게 해서 두 살 시기에 하는 흉내놀이는 세 살 시기가 되면 몸짓놀이로 질이 바뀝니다. 흉내놀이와 몸짓놀이와 함께 상상놀이도 세 살이 되면 내용이 깊어지고 또렷해집니다.

두 살 어린이도 곰 인형을 베개라고 상상하고 자는 척하는 행동을 하지만, 진짜 상상 활동은 두 살 중반을 지나 이미지를 떠올릴 수 있어야만 할 수 있습니다. 이미지는 현실에 없는 사물을 마음 속에서 떠올리는 것으로, 이미지를 떠올릴 수 있으면 어린이는 생각이 눈부시게 발달합니다. 이것이 놀이에도 나타나서 모래를 맛있는 음식으로 상상하고 먹었다고 치는 상상놀이가 됩니다. 게다가 이 놀이는 이미지를 떠올려서 할 수 있는 것만은 아니고, 놀이에 따라서 이미지를 더욱 더 확실하고 풍성하게 만드는 계기가 되기도 하는 것 같습니다. 이처럼 이미지를 떠올리는 것과 상상놀이는 수레의 양쪽 바퀴처럼 어린이들의 정신이 발달할 때 중요한 노릇을 합니다. 상상놀이가 유아의 중심 활동인 놀이에서 중심이 되는 것은 이 때문입니다.

표 9와 같이 몸짓놀이와 상상놀이가 만나면 세 살 시기에 초보 수준의 역할놀이를 할 수 있습니다. 그러나 진짜 역할놀이를 할 수 있으려면 네 살까지 기다려야 합니다. 세 살 시기에는 자신이 아닌 무엇인가 다른 역을 맡아 활동하기에는 아직 무리입니다. 자신은 사실 강하지만 끌어올리는 역을 맡았기 때문에 자기보다 약한 다른 인물하고 싸워서 져 주는 것이라고 생각하며 놀지는 못합니다. 정말로 싸워서 그 인물에게 이겨 버립니다. 또 늑대가 되어도 죽는 것은 싫어합니다. 말하자면, 세 살 시기에 역할놀이를 할 때는 자신이 중심으로, 자신은 그대로인 채 겉모습만 대입하며 노는 단계이기 때문에 이 시기 활동을 역할놀이의 전 활동이라고 합니다.

그리고 음식을 만들 때처럼 옆에서 도와 줘서 하는 것이 아니라 진짜 엄마처럼 음식을 만들고 싶을 때, 흉내내는 몸짓이나 상상 활동 능력을 모두 끌어와 허구의 장면을 만들어 노는 것이 역할놀이입니다. 역할놀이는 두 방향에서 발전합니다. 가게놀이를 예로 들면 하나는 가게가 많이 생기는 것이고, 다른 하나는 가게에 불이 나서 소방차가 오는 것처럼 이야기가 생기는 것입니다.

두 번째처럼 이야기가 생기는 놀이로 발전하는 것은 네 살 시기이지만, 교사가 도와 주면 세 살 어린이도 간단한 놀이는 할 수 있습니다. 질리지도 않고 역할놀이를 되풀이하다가 이야기가 생기면 같은 것을 되풀이하지 않고 계속 다른 장면을 만들어 냅니다. 이것은 역할놀이라기보다 즉흥극놀이다운 성질이 있습니다. 또 즉흥극의 인물과 줄거리가 그림책의 이야기를 본뜨는 놀이로 되는 것을 이야기 극 놀이라고 합니다.

그러나 이 놀이들은 네 살 후반기가 되어야 할 수 있습니다. 대여섯 살이 되면 역할놀이와 연극놀이는 질에서 나뉘는데, 세 살 때는 즉흥극놀이도 이야기 극 놀이도 연극놀이 요소가 적고 역할놀이 요소가 많습니다. 그렇기 때문에 각각 즉흥극놀이와 이야기 극 놀이의 전 활동이 되며, 놀이의 질로 본다면 역할놀이의 범주에 넣어야 합니다.

이러한 초보 수준의 역할놀이를 듬뿍 경험해야 네다섯 살 시기에 진짜 역할놀이나 연극놀이를 즐길 수 있습니다. 그뿐만 아니라 역할놀이는 놀이의 핵심이라고 하는 만큼 역할놀이에 빠져들어 놀면 다른 놀이나 생활을 다시 만들어 낼 수 있습니다.

이미 말한 것처럼 이미지를 떠올리면 정신 발달에서 중요한 부분이

표 9 **역할놀이와 연극놀이의 구조**

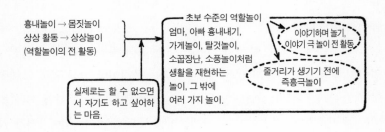

촉진됩니다. 이것은 정서의 균형을 맞추고 집단을 만드는 가장 좋은 교재이기도 합니다. 또 계통성을 밟아 사회를 배우는 자리이기도 하며, 어린이가 발달해 나갈 수 있는 좋은 교재가 됩니다.

교사의 지도

세 살이 되면 어느 어린이나 역할놀이를 아주 하고 싶어하고, 진지하게 빠져듭니다. 하지만 그 마음과 능력은 타고 나지 않습니다. 사람이 가진 모든 능력 가운데 배우지 않고 할 수 있는 것은 하나도 없다고 합니다. 어린이가 놀이를 하고 싶어하는 마음도 마찬가지입니다. 옛날에는 어린이가 자연스레 놀 수 있을 만큼 환경이 바람직해서 어린이가 놀고 싶어하는 마음과 능력이 마치 자연스레 생기는 것처럼 보였습니다.

그러나 오늘날은 사회가 병들어 있어서 어린이가 놀고 싶어하는 마음과 능력을 시들어 버리게 하는 요인이 많습니다. 그렇기 때문에 어린이에게 아무것도 가르치지 않고 자유롭게 놀게 내버려 두는 것이 좋다고 생각하면 잘못입니다. 더구나 모처럼 집단 보육을 하고 있기 때문에 그 특징을 적극 살려 내어야만 합니다.

세 살 어린이가 역할놀이를 할 때도 교사가 적극 나서서 지도해야 합니다. 하지만 역할놀이가 발달 단계에서 어떤 뜻이 있는지를 잘 생각하고, 세 살 어린이가 역할놀이를 어떤 마음으로 하는지 잘 알고 맞물리도록 해야 어린이가 따라오고, 좋은 효과를 낳을 것입니다.

상상놀이

상상놀이를 하기 위해서는 현실과 비현실을 나누어 생각할 수 있어야 합니다. 모래를 음식물로 상상하고, 밥을 먹는다고 생각하며 거짓말놀이를 하는 즐거움을 알아야만 합니다. 두 살 어린이는 그럴듯한 연기를 하는 교사나 자기보다 나이가 많은 어린이들이 이런 놀이를 하는 데 섞여 있으면 자칫하면 정말로 모래를 먹어 버립니다.

두 살 중반을 넘어서부터 정말과 거짓말을 구분해서 놀 수 있는 능력이 조금씩 갖춰지기 때문에 세 살이라도 아직 미덥지 못한 구석이 있습니다. 세 살 전반기에는 주스를 파는 놀이를 할 때도 빈 잔을 주거나 흙탕물을 넣어서 줄 때는 가짜라는 것을 알아도, 진짜처럼 보이는 색깔 있는 물을 넣어 주면 그만 마셔 버리고 맙니다. 늑대가 된 교사가 무섭게 늑대를 연기하면 정말 무서워하면서 울어 버립니다. 거짓말이라는 것을 알고 있어도 아직 상상력이 빈약해서 금방 현실처럼 느껴 버립니다.

교사는 어린이의 표정을 보면서, 어린이가 상상하는 능력에 걸맞게 행동해야 합니다. 거짓말로 하는 것을 정말로 믿어 버리는 모습을 보고 귀여워서 그것을 이용하거나, 정말로 무섭게 해서 어린이를 자극하지 않아야 합니다. 대여섯 살이 되면 허구와 현실을 확실히 나눌 수 있기 때문에 더 무섭게 해 달라고 합니다. 예외로, 산타클로스가 정말로 선물을 갖다 주었다고 믿게 해서 꿈을 키워 주는 것은 좋습니다.

그러나 정말로 "늑대가 온다."고 하면서 긴장감을 높이면 긴장감을 느끼게 해서 놀이를 바짝 조일 수는 있지만, 세 살 어린이에게는 결코 좋은 놀이가 못 됩니다. 현실과 비현실이 나뉘지 않은 것은 주관과 객관이 제대로 나뉘지 않은 것이고, 현실과 비현실을 나누어 생각할 수 있도록 하는 것이 발달을 진행시키는 방향이기 때문입니다. 그리고 현실과 비현실을 제대로 구분하지 못한 채 놀면 대여섯 살이 되어 규모가 크고 복잡한 역할놀이를 할 때 장애가 되는 경우가 있습니다.

지금 이 자리에 없는 것을 마음 속으로 떠올리거나 종이 상자를 자동차로 상상하기 위해서는 이미지를 자유롭게 끌어 내거나, 여러 이미지를 한 덩어리로 모을 수 있는 상상력이 있어야 합니다. 이미지라고 해도 아무것도 없는 곳에서 무엇인가 끌어 낼 수는 없습니다. 이미지는 경험이 쌓여야 빼내 올 수 있기 때문에 세 살 어린이는 이미지를 모을 재료가 그리 많지 않습니다. 그렇기 때문에 상상놀이를 할 때는 평소에 친근한 것을 대상으로 삼아 하는 게 좋습니다.

상상놀이를 즐기기 위해서는 여러 가지를 모아 만든 이미지를 오랜 시간 동안 집중해서 깨달을 수 있어야 합니다. 예전에는 상상력이 자연스레 성숙되기를 기다린 뒤에 상상력이 붙고 나면 상상놀이를 할 수 있다고 생각했습니다. 그리고 어린이가 상상놀이를 할 수 있어도 어른이 그것을 평가하지 않으면 어린이는 상상놀이를 재미있어하지 않기 때문에 교사가 어린이의 상상력을 존중하고 때에 맞춰 같이 노는 것이 좋다고 생각했습니다.

그러나 상상력은 현실에서는 할 수 없는 것을 어떻게 해서든 하고 싶어하는 강렬한 마음에서 이끌려 나옵니다. 또 상상력은 상상놀이를 얼마나 즐겼느냐에 따라 높아지는 것 같습니다. 같은 네 살 어린이라도 연도 중간에 어린이집에 들어온 아이와, 처음부터 집단에서 상상놀이를 즐겨 온 아이는 상상력이 많이 차이가 납니다. 놀이로 상상력을 키우면 발달하는 데 좋기 때문에 많이 키워 줘야 합니다.

따라서 상상력을 키우기 위해 교사가 아이들에게 적극 다가가는 것이 좋습니다. 먼저 교사가 어린이들보다 앞서 어린이들의 마음이 되어 상상놀이를 진지하게, 되도록 사실처럼 연기하는 것이 좋습니다.

흙을 과자로 상상한 어린이가 있으면 교사는 "와아, 맛있는 과자! 선생님은 과자 아주 좋아해요, 좀 줘요." 하고 말합니다. 그 때 교사는 흙덩어리를 보고 진짜 과자를 떠올립니다. 눈으로 보는 것만이 아니라 감촉, 냄새, 맛 따위 오감의 이미지를 모두 끌어 옵니다. 그리고 과자 느낌을 떠올리면서 입에 넣습니다. "와 맛있다. 딱 좋은 맛이네." 하고 혀나 맛의 감각을 떠올리고 맛있는 척하며 먹습니다. 그리고 다른 음식에는 없는, 그 과자에만 있는 느낌을 떠올리며 입, 혀를 움직이며 먹습니다.

여기에서 중요한 것은 결코 몸짓을 과장해서는 안 된다는 것입니다.

어린이는 때로 과장해서 연기하는 것을 좋아합니다. 그러나 두 살 어린이라면 다른 놀이와 구별해서 생각하도록 도와 주기 위해 과장해서 연기도 해야 하지만, 세 살 어린이는 그러지 않아도 됩니다. 과장해서 연기를 하면 오히려 나중에 몸짓 표현을 할 때 나쁜 영향을 끼칩니다.

가장 중요한 것은 마음 속 이미지입니다. 이것이 충분하면 교사는 자연히 그 감각을 표정과 몸짓으로 드러내고, 세 살 어린이를 그 분위기로 자연스럽게 끌어들이면 됩니다. 사람의 감정은 참으로 미묘해서 세 살 어린이는 감정이 움직이는 데 민감합니다.

이처럼 교사가 진지하게 사실처럼 연기하면 두 살 중반을 이제 막 넘은 아이는 정말로 먹는 것으로 믿습니다. 머지않아 세 살이 되면 깜짝 놀라면서 교사의 입 속을 확인하려 들고, "거짓말, 진짜로 먹지 않으면서." 하며 시끄럽게 합니다. 교사는 그 모습을 기뻐해야 합니다. 거짓말이라고 꿰뚫어 볼 수 있으면 세 살 어린이로 나아갔다는 뜻입니다. 어수선한 것은 잠깐입니다. 어린이들은 금세 연기에 빨려들어 열심히 합니다.

하지만 여기에서 세 살 어린이의 이미지는 확실하지 않다는 것을 기억해야 합니다. 초기에는 어린이들이 가진 이미지나 마음을 교사가 말과 몸짓으로 표현해서 이미지를 뚜렷하게 하는 것을 도와 주어야 합니다. 그리고 이미지를 작은 집단에서 공유할 수 있게 해야 합니다. 교사한테 빨려들어 어린이마다 자기 이미지를 만들지만 이것은 처음에는 미덥지 못합니다. 그것이 상대에 따라 같은 이미지로 나타날 때, 그리고 집단에서 공유될 때 어린이가 만드는 이미지는 폭이 넓어지고, 강해집니다. 이것은 아주 즐거운 경험이 되고, 앞으로 펼쳐 나갈 역할놀이와, 저마다 색다르고 충실한 집단 놀이를 구성할 수 있는 바탕도 됩니다.

교사가 이처럼 상상놀이에 진지하게 참여하면 어린이를 지도할 수 있을 뿐만 아니라, 몸짓 표현도 훈련할 수 있고, 무엇보다도 교사 자신이 활동을 즐길 수 있습니다. 이런 활동은 사람을 확실하게 보는 눈을 길러 주고, 몸과 마음을 부드럽게 해 줍니다. 그리고 교사의 자질을 드높이는 데 아주 도움이 됩니다.

몸짓 표현

세 살 어린이는 동물원에서 큰 곰을 가까이에서 보면 자신이 진짜 곰이 된 것처럼 그 감동을 표현합니다. 그림은 아직 그릴 수 없습니다. 말로서도 복잡하고 큰 감동을 표현하기에는 아직 무리입니다. 이러한 것을 몸과 마음의 움직임으로 표현하는 것은 사람에게 가장 원초적인 표현 형태입니다.

이러한 몸짓 표현은 연극과 무용의 근원입니다. 원시 사회에서 사람이 몸짓으로 표현한 대상은 사람 아닌 것이 많았던 것 같은데, 사람이 사람 아닌 사물이 되어 보면 흥분과 쾌감 같은 것이 일어나는 것 같습니다. 그리고 문명이 아주 발달한 현대 사회에서 원시적인 몸짓 표현을 하면 정서가 안정되는 데 도움이 됩니다. 토끼가 되어 놀아 본 세 살 어린이는 아주 만족스럽고 안정된 표정을 짓습니다. 또 정서 장애 어린이를 치료할 때도 몸짓 표현이 효과가 있다고 알려져 있습니다.

교사는 두 살 시기에 하던 흉내놀이가 세 살 시기에 몸짓놀이로 바뀌는 것을 주의 깊게 보아야 합니다. 흉내놀이는 대상과 같은 몸짓을 하여 그 자체를 즐기지만, 몸짓놀이는 실제 움직임을 흉내내는 데서 벗어나 대상의 특징을 자신에게 대입해 자기 나름대로 바꾸어 표현해서 마음을 표현합니다. 그렇기 때문에 여기에서 몸짓이 얼마나 사실과 같은가 하는 것은 다음 문제입니다. 또 교사가 표현을 하고 그것을 흉내내도록 가르치면 안 됩니다.

몸짓놀이를 할 때는 어디까지나 마음을 중요하게 여기고, 그것이 되었다고 생각하게 해야 합니다. 극단으로 말하면, 어린이가 전혀 움직이지 않고 누워서 "나는 토끼예요." 하고 말한다면 교사는 "토끼는 그렇게 자지 않아요." 할 것이 아니라, 교사도 그 마음이 되어 "귀여운 토끼." 하면서 정말로 토끼를 보고 있는 듯한 눈빛을 하고 토끼가 되어 있는 어린이를 봐 주면 됩니다. 여기에서는 그 장면의 느낌이 모든 것을 말해 줍니다. 교사가 토끼를 보고 있는 듯한 눈빛으로 어린이를 보면 그 어린이는 더 깊이 토끼의 세계로 빠져듭니다.

어린이가 몸짓으로 표현할 때 교사가 "멋있는 토끼가 되었구나." 하고 말해 주거나, "정말 토끼 같구나." 하고 말해 줘도 어린이는 격려를 받지만, 느낌으로 공감해 주면 어린이는 훨씬 평가를 잘 받았다고 생각합니다. 어린이가 몸짓으로 표현할 때 교사가 실제와 비슷한가 아닌가를 평가하느냐, 마음 상태를 평가하느냐에 따라 몸짓놀이의 방향은 아주 달라집니다.

또 하나, 교사 자신이 몸으로 표현하는 것도 중요합니다. 앞에서 이야기한 것처럼 누워 있는 아이를 토끼로 봐 줄 때는 어린이는 토끼이고, 교사는 사람입니다. 이것은 가장 쉬운 기술입니다. 그러나 교사는 전문 직업인으로서 좀 더 차원 높게 대처할 수 있어야 합니다. 교사도 진짜 토끼가 되어 빠져드는 것입니다. 어느 책에서는 교사는 정말 그렇게 될 수 없다고 쓰여 있는데, 진짜 그렇게 되었다는 마음으로 조금씩 연습하면 할 수 있습니다. 그렇게 하기 위해서는 먼저 교사가 몸짓놀이를 중요하게 느끼고 어린이처럼, 어린이보다 더 절실하게 해 보려는 마음이 있어야 합니다. 그리고 마음과 몸이 부드러워야 합니다.

몸짓놀이를 연습할 때는 토끼가 아니라 먼저 사람으로서 거짓말놀이에 익숙해져야 합니다. 상상놀이를 많이 하고, 점점 여러 가지 행동을 허구로 해 보면 좋겠지요. 처음에는 물이 들어 있는 물통을 나르면서 자신의 몸 감각과 몸짓에 어떤 특징이 있는지 확인합니다. 다음으로 물이 들어 있는 물통 무게를 생각하면서 빈 물통으로 연기를 합니다. 마지막에는 아무것도 들지 않고 물이 들어 있는 무거운 물통을 나르는 몸짓을 합니다. 또 처음에는 실제로 줄넘기를 하고 뒤이어 맨몸으로 줄넘기를 해 볼 수도 있습니다. 교재는 둘레에 얼마든지 있습니다. 이렇게 해서, 쉬운 것에서 어려운 것으로 옮겨 가며, 교사끼리 서로 비평하면서 연습해 갑니다. 여기에서 주의해야 하는 것은 결코 과장해서 연기를 하지 않는 것입니다. 어디까지나 마음 속에서 일어나는 이미지를 떠올리는 것이 목적이고, 이것이 그럴듯한 연극보다도 중요하다는 것을 잊지 말아야 합니다. 이렇게 기초 연습을 한 뒤, 예를 들어 동물 스케치를 할 경우에는 토끼가 움직일 때 나타나는 특징을 되도록 주의 깊게 관찰하여 움직임 하나하나를 몸짓으로 표현해 봅니다. 이렇게 해서 나중에는 부끄러움을 잊고 마음껏 허구의 세계로 빠져들어 토끼가 될 수 있습니다. 진짜 토끼처럼 행동하는 교사를 보고 어린이들은 놀라고 감동합니다. "아기토끼들아, 엄마하고 나들이 가자." 하고 말하면 어린이들은 감동하며 모두 귀여운 토끼가 됩니다.

세 살 어린이는 자연스럽게 몸짓놀이를 할 수 있지만, 이러한 교사를 만나는 어린이들은 정말로 복받은 아이들입니다. 이렇게 하면 대여섯 살 시기에 몸짓 표현이 놀랄 만큼 성장할 거라고 기대합니다.

교사가 몸짓으로 표현하는 활동을 하면 어린이들을 위한 것뿐만 아니라 무엇보다도 교사 자신이 스트레스를 풀고, 몸과 마음을 젊게 하는 데도 도움이 됩니다.

주의할 점

세 살 어린이는 상상하는 힘이 아직 모자랍니다. 현실에서 강한 자극을 받으면 금세 본디 상태로 되돌아가고, 현실과 비현실을 구분하지 못합니다. 그래서 교사가 하는 말이나 실제 사물이 뒷받침되어야 합니다. 진짜 같은 무대 장치를 하고 소품은 있으면 있는 만큼 좋습니다. 교사가 엄마가 될 때는 앞치마를 입거나, 늑대가 될 때는 손톱을 길게 붙이거나 검은 장갑을 끼고 하는 것이 좋습니다. 그렇게 하면서 모양이 있는 소품을 점점 나무 토막 장난감 같은 모양이 정해지지 않은 소품으로 바꾸고, 나아가 아무것도 가지지 않고 하게 합니다. 흉내내는 곳도 여러 군데 만들어 두고 소품 따위를 갖추어 놓으면 좋습니다.

몸짓놀이를 할 때는 아직 역할놀이의 요소를 넣어서 하지는 않습니다. 아직은 주관이 앞서고, 자기가 중심이 되는 표현을 합니다. 그럴듯하게 해 보라고 하지 않는 것이 좋습니다. 토끼가 된 셈치고 사람처럼 뛰어도 좋습니다. 현실에서 동떨어져 있는 만큼 표현의 자유를 넓혀 갈 수 있습니다. 이미지를 공유하려면 교사가 도와 주고 지도해야 합니다.

세 살 어린이의 발달 과제는 초보 수준의 역할놀이가 네 살 시기에 진정한 역할놀이로 옮아갈 수 있도록 하는 것입니다.

세 살 단계에서는 역할놀이를 계속 하다 놀이에 이야기가 생기면 방향이 흔들리고, 몇몇 아이에게 휘둘려 다른 아이가 따라갈 수 없습니다. 이 때 교사가 이끌어 가면 안정을 찾고 즐길 수 있습니다.

그러나 교사가 이끌어 가기만 해서는 안 됩니다. 작은 모임에서는 역할놀이를 스스로 마음을 내어 많이 하므로 그것을 높게 평가하고 교사가 참가하거나, 경우에 따라서는 어린이에게 맡기기도 해야 합니다.

역할놀이는 어른과 함께 평소에 경험한 것을 재현하는 것이 바람직합니다. 그것이 세 살 어린이의 발달 단계나 마음에 알맞습니다. 아직 텔레비전 프로그램을 흉내내지는 않습니다. 흉내낸다고 해도 아이들이 진정으로 바라는 것은 아닙니다. 동물놀이도 아주 좋아하지만 평소에 겪은 경험 안에서 놉니다. 토끼의 세계를 연기하는 것이 아니라 토끼가 되어 자기들의 세계를 연기합니다.

단, 몇 번이고 읽어 주어서 익숙해진 그림의 세계하고는 다릅니다. 아주 좋아하는 이야기라면 교사가 끌어가지 않아도 스스로 연기하려고 하는 정도입니다. 그러나 그것은 한 번씩 일어나는 현상으로, 인상이 강한 것이나 재미있는 부분에서 그렇게 합니다. 이야기 전체를 견주어 보지 않아도 됩니다. 부분을 연기해서 즐거움을 느낄 때까지 몇 번이고 하면 됩니다. 또 교사가 도와 주면 전체를 꿰뚫을 수도 있습니다. 이렇게 하면 부분이 앞뒤로 연결되어 한결 재미있습니다.

초보 수준의 역할놀이와 이야기 극 놀이와 즉흥극놀이의 전 활동을 섞어 놓은 연극놀이는 세 살 어린이가 바라는 것과 발달 과제를 모두 포함한 가장 훌륭한 교재입니다.

연극놀이의 예

연극놀이의 목표 | 세 살 어린이는 무엇이 되었다고 상상하고 놉니다. 이 연극놀이는 네 살 시기에 역할놀이를 하기 위한 중간 다리로, 역할을 생각하고 하는 역할놀이 같은 연극놀이입니다. 놀이를 하면서 집단 통합을 이루는 것을 목표로 하였습니다.

연극놀이의 준비 | 첫째, 곤충이나 풀꽃을 보고 받은 감동을 몸짓으로 표현하고 놉니다. 세 살 어린이는 보고 느낀 감동을 자유롭게 몸짓으로 표현하는 것을 아주 좋아합니다.

둘째, 그림책 속에서 놉니다. 이는 거짓말 세계에 들어가서 노는 것으로 연극놀이로 가는 중간 다리입니다. 말에 리듬이 있고, 자연스럽게 소리를 맞추어서 말하고 싶게 만드는 그림책을 골라 몸짓놀이를 하기 전에 이야기해 둡니다. 예를 들면, 《길 잃은 코끼리》를 보면서 "아바바 우브." 하고 외치거나, 《목욕탕에서 챠부챠부》를 보면서 "어디 가니?" "좋은데 좋은데." 하고 합창했던 그림책들이 좋습니다.

《길 잃은 코끼리》를 보고 어린이들은 "아바바 우브." 하면서 길 잃은 코끼리가 되어 엄마를 찾으러 헐떡헐떡 갑니다. 그러다가 사자(교사)가 나와서 길 잃은 코끼리는 뒹굴뒹굴 옆으로 구르면서 도망갑니다. 거기에 엄마가 와 있습니다. 이렇게 단순한 놀이입니다. 이 놀이는 어린이들이 즐거워하며 몇 번이나 했기 때문에, "아바바 우브." 라는 말 한 마디에 길 잃은 코끼리가 될 수 있었습니다.

중요한 것은 갑자기 그림책의 이야기를 모두 연극놀이로 하는 것이 아니라, 재미있는 장면을 자유롭게 몇 번이고 되풀이해서 연극놀이의 즐거움을 맛보는 것이라고 생각합니다.

셋째, 한 사람도 빠짐없이 모두가 연극놀이를 즐길 수 있도록 동요나 집단 놀이를 넣어 다같이 즐깁니다. 아이들이 서로 공감할 수 있으려면 뿔뿔이 흩어져서 놀지 않고 '다함께 하는 놀이' 가 즐겁다는 것을 느끼게 해야 합니다. 거의 모든 아이들이 좋아하는 놀이가 있습니다. '고양이와 쥐' 가 그것입니다. 어린이집에 나오지 않은 날이 많아 집중하지 못하던 아이도, 9월에 어린이집에 들어와 운동회 연습하는 분위기를 따라가지 못하고 거부 반응을 일으키며 울고불고하던 아이도, 앞을 미리 내다보지 못해 전체 흐름을 맞추지 못하던 아이도 모두가 참여하여 몇 번이나 놀았습니다. 이렇게 해서 집단을 통합하는 것이 중요합니다.

넷째, 모래밭이나 구석 같은 데서 스스로 하는 흉내놀이를 중요하게 여기고 확대시킵니다.

교사는 어린이가 모래놀이를 하면서 자연스레 상상놀이를 하는 것을 진지하게 받아들이고, 실제로 그것이 된 것처럼 역할놀이로 넓혀 나갔습니다. 또 일상에서 조금만 짬이 나도 먹거나 마시는 시늉을 하며 거짓말놀이를 친절하게 해 주었습니다.

연극놀이 '아기염소 탐험대' 가 될 때까지 | 어린이들은 8월 무렵부터 때때로 '늑대와 일곱 마리 아기염소' 놀이를 하면서 아주 신이 났습니다. 운동회가 끝나기를 기다려 10월 후반부터 일부러 그림책《늑대와 일곱 마리 아기염소》를 보여 주거나, 아기염소놀이를 했습니다. 연극놀이 '아기염소 탐험대' 는 처음부터 줄거리가 있던 게 아니라 그때 그때 놀이를 하면서 내용을 덧붙여 줄거리를 만들어 간 것입니다. 그때 그때 어린이의

모습을 보면서 줄거리나 목적을 만들어 놀이를 시작한 지 한 달 뒤에 완성했습니다.

그림책을 읽음(10월 30일) | 그림책《늑대와 일곱 마리 아기염소》에 나오는 문장을 그대로 읽지 않고, 집중하지 못하는 아이도 잘 이해할 수 있도록 말을 걸어가면서 읽으니 다른 아이들도 조용히 집중해서 듣고 있습니다. 늑대의 뱃속에 돌을 집어 넣는 장면에서 교사가 엄마염소가 되어 "아기염소들아 돌을 가져와." 하고 말합니다. 어린이들은 이 한 마디에 아기염소가 되어 일어나 무거운 듯이 돌을 들고 옵니다. 늑대 역을 맡은 교사의 배에 돌을 채워 넣고 "늑대가 죽었다." 하며 춤추는 데까지 즐깁니다.

탐험대의 노래를 만듦(11월 11일) | 교사가 《다부 다부》처럼 늑대 숲에 탐험하러 갈까? 열심히 가자." 하고 나들이를 갑니다. 교사가 "늑대 무섭지 않아? 힘낼 수 있어?" 하니 어린이들은 "네.""네." 합니다. 교사가 "힘내는 노래를 부르며 갈까?" 하고 그 자리에서 노래를 만들었습니다.

체육 놀이(11월 12일) | 지금까지 숲 비탈진 곳에서 사자나 아기염소가 되어 "팟!" 하고 신호하면 손을 땅에 대고 두 발을 뒤쪽으로 차올리는 체육 놀이를 해 왔습니다. 그것을 놀이에 끌어들였습니다.

교사는 "나들이 갈까?" "아기염소야, 손을 확실히 땅에 대고 발로 정

우리는　숲속의　탐　험　대

늑　대　같은것　해　치워　라

에이　에이　오　　에이　에이　오

신차려서 차지 않으면 늑대한테 잡혀요." 합니다. 늑대라는 소리를 듣고 어린이들은 아주 힘들지만 즐기면서 열심히 합니다.

늑대를 해치우는 방법(1)

● 발로 찬다(11월 19일)

교사가 "늑대가 오면 어떡하지? 그래 이렇게 발로 차서 쫓아 버릴까? 조금 연습해 두자." 하며 모두 발로 차는 연습을 합니다.

돌층계를 올라가면 늑대가 "우우!" 하고 나옵니다. 늑대는 "맛있어 보이는 아기염소구나, 먹어 버려야지." 하며 달려듭니다. 늑대는 기세가 대단하기 때문에 아이들은 무서워하며 도망치면서 울기도 합니다. 늑대는 지나쳤다고 생각하고, 그 순간에 "여기에도 아기염소가 있을까?" 하면서 나갑니다.

교사는 어린이들을 모이게 하고 "괜찮아요, 아까 연습했지. 에이 에이 오, 하고 해치우자." 하며 또다시 차는 연습을 합니다. 울던 아이도 힘을 내고 에이 에이 오, 합니다.

이것을 보고 늑대가 다시 나옵니다. 엄마염소가 신호하면 아이들은 모두 에이 에이 오, 하면서 해치웁니다. 늑대는 "아이고 아파. 우와, 힘센 염소구나." 하고 비키면서 도망갑니다. 아기염소들은 "와 해치웠다, 해치웠다." 하며 아주 좋아하고, 이것이 재미있어서 같은 장면을 며칠이나 되풀이합니다. 조금 지루해졌을 때 늑대가 "뭐야, 에이 에이 오, 하기만 하는 거야? 요런 조그만 염소는 무섭지도 않아요. 내일은 좀 더 힘센 늑대가 되어서 잡아먹자." 하면서 퇴장합니다.

늑대를 해치우는 방법(2)

● 음식을 먹여 준다(11월 25일)

엄마염소가 "큰일 났다. 더 힘센 늑대가 오면 잡아먹히겠구나." "그렇지. 음식을 만들어서 먹이고 배부르게 하면 잠을 잘지도 모르지. 그러면 배를 가위로 갈라서 돌을 채워 넣자." 합니다. 어린이들은 단숨에 기세가 오릅니다. 손과 손가락의 힘을 기르기 위해서 신문지를 말아 셀로판 테이프를 붙여 주먹밥을 만듭니다. 엄마염소가 "늑대에게 먹일 주먹밥이야." "크고 단단하지 않으면 맛없어 보여요, 늑대가 먹지 않아요." 하고 격려합니다. 세 살 어린이의 손은 종이를 단단하고 작게 해서 쥐고, 셀로판테이프를 다루기도 힘들지만 늑대를 해치울 새로운 방법이 생겼기 때문에 열심히 만듭니다.

● 대사를 이끌어 낸다

엄마염소가 "늑대가 오면 '잡아먹지 말아요.' 하고 크게 말하는 거야. '그 대신 맛있는 음식을 줄게요.' 하고 잘 말할 수 있어요?" 하면 어린이들은 "말할 수 있어요." "말할 수 있어요." 합니다. 이 장면도 연습합니다.

이제 "에이 에이 오!" 하고 신바람을 내며 어두컴컴한 숲 속 작은 길로 들어갑니다. 금방이라도 늑대가 나올 것 같습니다. 사실은 조금 무섭기 때문에 탐험대의 노래를 부르고 격려해 가면서 앞으로 나갑니다. 늑대가 "우, 우! 이번엔 힘센 늑대라고." 하며 박진감 넘치는 연기를 하면서 덮칩니다. 아기염소들은 대사를 잊어버리고 주먹밥도 내팽개치고 도망칩니다.

엄마염소가 "아, 아, 주먹밥을 만들었는데 실패했구나. 왜 그랬지." 하면 어린이들은 "'맛있는 음식 줄게요.' 하고 말하지 않아서요." 합니다. 엄마염소는 "그렇지, 좀 더 확실하게 연습하자. 엄마가 무서운 늑대 흉내를 내 줄 테니까." 합니다. 이렇게 해서 몇 번이나 연습하고, 다음 날 다시 한 번 가기로 합니다.

다음 날, 같은 장면에서 아기염소들은 "잡아먹지 말아요." 하고 큰 소리, 작은 소리로 말합니다. "맛있는 음식 줄 테니까." 하고 말하는 아이도 있습니다. 잘 맞지는 않았지만 음식을 줍니다. 늑대는 "음식? 이런 조그만 염소보다 그게 더 맛있겠는걸." 합니다.

엄마염소는 "아기염소들아 이 쪽으로 와요." 하고 나무 그늘에 숨어서 늑대를 살핍니다. 늑대가 주먹밥을 우걱우걱 먹고 잠들면 엄마염소가 가위로 배를 가르고, 아기염소들이 돌을 채우고 바늘로 꿰맵니다.

이 장면은 어린이들도 손에 익은 장면입니다. 늑대는 잠에서 깨어 몹시 괴로워하며 우물에 빠집니다. 아기염소들은 "늑대 죽었다!" 하고 크게 합창합니다. 그리고 며칠 동안이나 질리지도 않고 이 장면을 되풀이합니다.

놀이의 변화 ─아이들끼리 시작한 연극놀이 | 크리스마스 발표회에서 교사가 엄마 역, 늑대 역을 맡아 연극놀이 '아기염소 탐험대'를 했습니다. 그런데 오후부터 자유 놀이 시간에 어린이들이 자기네들끼리 엄마염소나 늑대 역을 맡아 연극놀이를 즐겼습니다. 교사는 놀랐습니다.

정리 | 어린이들은 연극놀이 '아기염소 탐험대'를 하면서 연극놀이는 언제 어디에서나 할 수 있고, 자기네들이 바라는 것을 받아들여서 했다는 것을 좋아했습니다. 또 연극놀이의 바탕을 마련해 어린이들에게 힘이 붙었고, 교사도 즐기며 어린이들과 함께 놀았다는데 이 놀이의 뜻이 있습니다.

어린이들은 마음껏 놀았기 때문에 만족스러워하며 더욱 기운차게 생활하고, 밥을 먹고, 옷을 입고 벗고, 동무들과 노는 따위 생활 전반에서 좋은 영향을 받았습니다.

그 뒤 어린이들 | 어린이들은 연극놀이를 하고 난 뒤 어린이집이 즐겁다고 했습니다. 평범한 일이지만 내일을 기대하는 마음을 이끌어 낼 때, 그리고 어린이가 확실하게 발달해 나갈 때 이것은 아주 중요한 것이라고 생각합니다. 연극놀이를 하는 동안 몇몇 보호자가 알림장에 어린이가 "어린이집이 즐거워." "어린이집에 가고 싶어." 하고 말했다고 썼습니다. 이것은 큰 성과라고 생각합니다.

4

어린이집 교사와 부모가 할 일

어린이집 교사의 모습
어린이집과 집에서 할 일
실천 기록

어린이집 교사의 모습

아이들과 하나 되는 교사

두 살 어린이 반에서 확실하게 걷는 힘을 익힌 뒤에 세 살이 되면 달리고, 뛰고, 던지고, 균형을 잡으면서 운동 능력을 하나하나 몸에 익혀 갑니다. 그리고 집 밖에서 놀이 기구를 갖고 온몸으로 활발하게 놉니다. 음악에 맞춰 나비나 토끼가 되어 표현 활동을 즐길 수도 있습니다.

아이들 말에 공감하는 교사

이 시기에는 나들이 갈 때 교사가 "……에 가서 ……하고 놀자."고 하는 말을 귀담아 듣고, 사무실을 들여다보고는 저마다 "……에 갔다 올게요." 하고 소리치며 나가고, 찻길에서는 "차가 오면 위험하니까 선 밖으로 나가지 않게 걷자."는 약속을 지키려고 합니다. 하지만 재미있는 것이 있으면 빨리 그 쪽으로 이끌려 가기도 합니다. 세 살 어린이는 길을 걷다가 "앗, 나비다. 나비다." 하고 한 사람이 뛰어가면 모두가 이끌려 함께 그 쪽으로 달려갑니다. 그럴 때 "달려가면 안 돼." 하고 큰 소리로 외치거나, "참 예쁜 나비구나." 하고 어린이의 마음에 맞추면서 재빨리 앞뒤를 살펴보고 위험하지 않은지 확인하면서 어린이들을 끌어가야 하는데, 어떻게 하느냐에 따라 그 날 나들이는 즐거울 수도 즐겁지 않을 수도 있습니다.

또 한 살에서 두 살에 걸쳐 어른이 말을 잘 걸어 주거나, 동무들과 즐거운 감정을 많이 나눠 본 어린이들은 "붕붕, 왔다."처럼 두 낱말로 이루어진 문장에서 "엄마 일하러 갔다."처럼 세 낱말로 된 문장으로 말할 수 있습니다. 그리고 세 살 후반기에서 네 살에 걸쳐서는 말도 빠른 속도로 늘어나고, 조사나 형용사도 쓸 수 있습니다. 어른과 간단한 이야기도 나눌 수 있어서 아래처럼 모두가 나도, 나도, 하고 서로 말하려고 하는 시대를 맞습니다.

교사 어제는 집에서 뭐 하고 놀았니?

어린이 1 저어, 물건 사러 갔어요.

교사 그래, 좋았겠구나. 어디로 물건 사러 갔어?

어린이 1 가게요. 엄마하고.

어린이 2 나 버스 탔어요.

교사 버스 타고 어디 갔어요?

어린이 2 버스 타고 히라가타 공원 갔어요, 기차도 탔다고요.

어린이 1 나 할머니한테 갔어요.

어린이 2 저어, 나도…….

어른들이 말을 하면 "뭐라고요?" "뭐라고요?" 하면서 끈질기게 들으려고 하고, 잘 모르면서도 "응." 하고 이해한 듯한 표정을 짓기도 합니다. 이렇게 어린이들의 생각이 넘쳐나는 것을 확실하게 받아들이고, 말 하나하나에 맞장구를 쳐 주거나 공감하면서 친절하게 대답해 주면 어린이들은 점점 수다쟁이나 호기심쟁이가 되겠지요.

아이들 마음을 읽는 교사

이 시기에는 "이것은 ○○ 것." "여기 것은 ○○ 것이지?" 하고 자신과 다른 사람을 구별할 수 있고, 세 살 세계를 생각할 수 있습니다. 또한 "……이 아니고 ……다." 에서 머지않아 "……이기 때문에 ……한다." 는 것으로 나아가 자기 마음 속에 속셈이 생기면 자기 주장도 점점 강해집니다. 그렇지만 자기 표현을 잘 할 수 있을 만큼 말을 잘 하지 못하므로 '마음 속의 속셈'을 상대방에게 전하지 못하고, 어린이들끼리 마음 속의 속셈이 부딪쳐 울고 떠밀고 때리며 싸움도 한창하는 것이 특징입니다.

동무들과 사귈 때 지켜야 할 규칙도 두 살 때부터 어른들이 되풀이해서 말했기 때문에 알고 있을 테지만, 아직 자기 행동을 스스로 조절할 수 있는 능력이 없기 때문에 "차례대로." 하고 말하면서도 동무들을 밀쳐 내고 먼저 나가려고 합니다. 하지만 세 살 후반기에서 네 살이 되면 "한 번 돌았으면 바꾸자." 하고 교사가 말하면서 도와 주면 "차례대로." 하고 스스로 이해하려 하면서 서로 참고 양보합니다.

때로는 제멋대로라고 할 수 있을 만큼 완고하게 "싫어, 싫어." 하고 되풀이하면서 울고불고하지만, 그럴 때 어린이의 마음 속 생각을 알아차리고 "……하고 싶었니?" 하면서 어린이의 마음을 받아들이고, 어린이에게 확인시킨 다음 "빌려 줘, 라고 해 봐." 하며 해결할 수 있게 하면 뜻밖에 쉽게 이해합니다. 이 시기에는 어린이들의 마음 속 속셈을 알아차리는 것이 아주 중요합니다. "이제 울지 말아요. 괜찮아, 괜찮아." 하고 얼렁뚱땅 지나쳐 버리면 좋지 않습니다. 그러면 어린이는 마음을 정리하지 못하고 자기를 조정할 수 있는 힘을 기르지 못합니다.

밥 먹고, 똥오줌 누고, 옷 입고 벗고, 잠자는 일상 행동에서 나아가 두 살 후반기부터 "내가 할게." 하며 자립하기 위해 자기 주장을 하면 세 살 중반쯤부터는 거의 자립합니다. 행동을 하나하나 할 때마다 친절하게 도와 주면서 그것을 말로 확인하고 "됐구나." "했구나." 하거나, "이제 끝났다." 하면서 마무리를 제대로 해 주면 어린이는 그 행동에 확실하게 대처할 수 있습니다.

처음에는 "할 수 없어." 하고 어리광부리고 싶어하는 마음을 이해하면서 교사가 도와 줍니다. 그리고 지나치게 모든 것을 다 해 주지 말고 때로는 어린이가 할 수 있는 힘을 믿고 기다려야 합니다. 그렇게 생활이 되풀이되면 생활 리듬도 몸에 붙고, 앞을 내다보며 생활할 수 있습니다. "급식이 끝나면 ……하면서 놀자." "이 책 다 읽으면 낮잠 자요." 같은 말을 하면서 앞을 내다보며 행동하게 하면 스스로 생활할 수 있는 토대를 쌓을 수 있습니다.

아이들을 받아들이는 교사

세 살 어린이 반에서는 먼저 교사가 태어난 달이 서로 다른 어린이들을 하나하나 확실히 살펴야 합니다.

세 살 전반기에서는 나무 토막 쌓기 놀이로 병행놀이를 하다가 조금 지나면 그것이 다시 트럭으로 바뀌고, 트럭은 다시 기차가 되고, 기차는 다시 소꿉놀이의 밥이 되고, 빵 가게의 빵이 되는 것처럼 옆에 있는 여러 가지 사물을 여러 가지 다른 것으로 상상하는 놀이를 많이 합니다. 상상한 것을 말로 나타내고 서로 이미지를 공유하고 공감하는 역할놀이를 할 때는 처음에 교사가 끼어들어 어린이들을 이어 줘야 합니다.

평소에 경험한 것이나 되풀이해서 즐기던 이야기 따위가 역할놀이의 세계에서 재현되지만, 그 때도 어린이들이 품은 속셈을 공유할 수 있도록 어린이의 마음을 언제나 살피고 말로 뒷받침해 주어야 합니다.

어린이들은 싸우면 금세 울어 버리거나 손찌검을 하기 쉽습니다. 그때 교사는 자기 뜻대로 중재하여 해결해 버릴 것이 아니라, 어린이가 어떻게 하고 싶었다고 확실하게 주장할 수 있도록 해 주어야겠습니다.

그리고 세 살 후반기부터 네 살 시기에는 한 아이가 무엇을 하려고 할 때 다른 아이들에게 "어떻게 했으면 좋겠니?" 하고 물어 보아 한 사람의 모순을 모두 함께 생각해 보게도 해야 합니다. 그렇게 하여 해결할 수 있는 방법을 찾고, 그것을 어린이들이 모두 마음 속에 새길 수 있으면 아이들은 "선생님, 너무 좋아요." 하고 진심으로 교사를 믿습니다.

생활도 하나하나를 세심하게 관찰하고 "아주 잘 하는구나." 하고 평가해 주면서 자립할 수 있다고 믿게 합니다. 때로는 나이가 더 많은 어린이 모둠과 만나게 하면서 "저렇게 멋있는 것도 하고 싶어요." 하고 성장하고 싶어하는 마음을 북돋아 줍니다. 그래서 속셈을 갖고, 앞을 확실하게 내다보며 행동할 수 있도록 능력을 길러 주어야 하겠습니다.

세 살 어린이 반은 머지않아 '자립에서 자율로' 생활하는 유아기로 가는 커다란 전환점을 맞이합니다. 바로 한 사람이 갖추어야 할 능력의 바탕을 닦는 역사적인 고비를 잘 넘길 수 있도록 도와 주어야 합니다.

민주 교사

어린이들은 날마다 말을 하고, 몸짓으로 표현하고, 끊임없이 흉내를 냅니다. 그 속에서 담임들이 어린이에 대하여 서로 의논하는 시간은 정말로 귀중한 시간입니다.

마음이 맞는 교사

복수 담임일 때 일을 매끄럽게 이끌어 가기 위해서는 무엇보다도 서로 아이들에게 말을 거는 방법이 괜찮은지, 상황에 재빠르게 반응하고 있는지 하는 것들을 하나씩 생각해 가면서 확인해 두어야 합니다. 담임들 생각이 서로 엇갈리면 아무리 계획을 훌륭하게 세워도 어린이들이 따라오지 않습니다.

담임도 늘 처음부터 마음이 맞는 사람끼리 한 모둠을 이룰 수 없습니다. 피하고 싶은 사람과도 짝을 지어야 하고, 경험 많은 사람은 경험 없는 사람과 함께 해야 할 경우가 많습니다. 그러한 상황 속에서도 먼저 어린이를 생각하는 관점을 맞추고, 어린이 하나하나를 냉정하게 바라보고, 생각을 함께 해야 합니다. 어린이의 행동 하나하나를 여러 측면에서 올바로 관찰하고 평가를 같이 내릴 수 있어야 합니다.

그리고 새로운 것을 발견했을 때는 곧바로 서로 알려서 어린이에 대한 정보를 더욱 풍부하게 쌓아 가야 합니다. 경험 많은 교사보다 새내기 교사가 더욱 새로운 눈으로 재미있는 발견을 하는 경우도 있습니다. 선배 교사가 말하는 것은 모두 완전하게 보이겠지만, 말없이 "네, 네." 하지 않고 "그건 왜 그렇지요?" 하고 의문을 표시해야 합니다. 그렇게 해야 어린이들을 더욱 정확하게 바라볼 수 있습니다. 어린이들이 풍성하게 자라게 하려면 어른들이 능력을 풍부하게 갈고 닦아야 합니다. 바로 교사들이 어떠한 상태에 있는가가 중요합니다.

사람이 사람을 키우는 일에서는 교사의 사람 됨됨이가 그대로 어린이에게 반영됩니다. 어린이들이 닮기를 바라는 모습이 있다면 교사 자신이 그렇게 삶을 바꾸어야 합니다. 그런 뜻에서 아이를 키우는 일은 진정으로 교사가 어떻게 살아가는지를 묻는 일입니다. 그리고 교사가 속한 집단 또한 늘 노력해야 합니다.

솔직하게 의견을 내놓는 교사

교사는 당연히 자기가 맡은 반이 가장 중요하다고 생각합니다. 하지만 어린이집 전체 속에서 자기가 맡은 반이 있습니다. 교직원 회의에서는 아이에게서 감동받은 것을 서로 이야기하고, 다른 반 선생님에게 의견을 들어 보고, 또 다른 반에서 기쁜 일이나 어려운 일이 생기면 솔직하게 동참할 수 있어야 합니다. 독신으로 살아가는 교사에게 아이를 가진 교사가 부모의 마음을 전하는 모습에서도, 교사뿐만 아니라 음식이나 사무를 담당하는 직원의 처지에서 바라본 어린이의 모습에서도 배울 것이 많습니다. 이러한 뜻에서 어린이집 전체 교직원이 서로 인격을 존중하고, 일에 대한 의견을 솔직하게 나누며 서로 확인해 가는 어린이집을 만들어 가야 합니다.

　교직원 회의도 물론 민주주의 방식으로 운영해야 하지만, 회의에 참가하는 사람의 태도에 따라서 회의는 시간 낭비하는 곳이 될 수도 있고, 서로 배우는 곳이 될 수도 있습니다. 주최하는 사람이 제대로 준비하고, 다른 사람들은 적극 참가해서 내용을 풍부하게 만들어 가야 합니다.

　문을 연 지 사 년째를 맞은 우리 어린이집에서는 경험이 없는 교사만으로 시작한 만큼 교직원 전체가 어린이를 보는 생각을 통일하기 위하여 주마다 교직원이 모두 참가하는 회의를 세 시간씩 일 년 동안 계속했습니다. 그 동안 두 번이나 합숙하여 회의도 하면서 어린이에 대한 생각을 서로 이야기하고 맞추려고 노력했습니다. 하지만 자기 반에 대한 의견은 차례대로 말했지만 다른 반에 대한 의견은 "말해도 괜찮을까?" 하고 주저하면서 아무 말도 하지 않았고, 이해되지 않는 것이 있어도 자신이 없어서 서로 의견을 이야기하지 못했습니다. 이런 관계가 일 년쯤 계속 되었습니다. 그 당시에는 모두가 서로의 속내를 모르고 왠지 껄끄러워하며 긴장했던 것 같습니다.

　겨우 삼 년째로 들어서면서 조금씩 전망이 생기기 시작하고, 쭈뼛쭈뼛해하면서도 의견을 조심스레 말할 수 있고, 서로 이야기하면서 배우는 것이 많아졌습니다. 그리고 무엇보다도 어린이가 자라면 교사가 자란다고 생각하여 날마다 새로운 발견과 감동을 안겨 주는 어린이의 모습을 기록하여 서로 어떻게 실천해 왔는지 뒤돌아보면서 조금씩 교직원 집단을 만들어 나갔습니다. 그리고 자기가 맡은 반뿐만 아니라 어린이집에 다니는 어린이 하나하나에게 관심을 기울이려면 어떻게 해야 하는지 뼈저리게 느낄 수 있었습니다.

동료와 함께 자라는 교사

현재 우리 어린이집에서는 교직원마다 살아온 경험이나 개성, 분위기가 서로 다르지만 전체가 조화를 이룰 수 있는 교직원 집단을 만드는 것을 목표로 하고, 모두가 우리 어린이집에 알맞은 보육 내용을 창조하기 위해 애쓰고 있습니다.

회의에서는 자기 반 어린이뿐만 아니라 다른 반 어린이에 대해서도 이런저런 의견을 나누고, 어린이 하나하나에 대해서도 모든 교사가 공통 과제로 생각하면서 의논해 갑니다.

어쨌든 어린이가 자라는 데 책임을 지는 것은 교사로서 서로 실력을 키워 가는 것이라 할 수 있어서, 이론이나 실천 면에서 서로 확인한 것을 소중히 여기면서 그것을 토대로 해서 새로운 것을 실천하기 위해 모든 교사가 서로 배우고 있습니다. 이 때는 원장이나 주임이 제대로 해야 합니다. 원장이나 주임은 자기 반에만 관심을 두기 쉬운 교사가 어린이집 전체로 행동 반경을 넓힐 수 있도록 북돋워야 하고, 나름대로 노력하고 있는데도 눈에 띄지 않는 교직원에게도 마음을 써야 합니다. 원장이나 주임은 늘 어린이집 전체를 시야에 넣고 교직원들이 잘 연대할 수 있도록 조정해야 합니다. 원장은 교사가 열심히 해야겠다고 다짐할 수 있는 인간 관계를 만들고, 좋은 직장 환경을 만드는 데 피나는 노력을 해야 합니다.

하지만 학습은 위에서 강요한다고 되는 것이 아닙니다. 자기 스스로 배우고 실천하고 확인해야만 진정한 힘이 됩니다. 연구 과제를 하나 정해서 일 년이나 이 년, 아니면 평생 동안 전망을 가지고 도전해 보는 교사도 훌륭하다고 생각합니다.

교사 집단은 배우는 것을 고통스러워하지 않고 즐거워해야 합니다. 원장, 주임, 보모, 영양사 저마다 자기 처지에서 책임을 나눠 맡고, 민

주화된 관계를 유지해 가는 어린이집에서만이 훌륭한 교사가 나올 것입니다.

보육 내용을 창조하는 교사

같은 어린이집이라고 해도 어린이집마다 역사, 설립 기반, 지역, 설비가 모두 다릅니다. 그리고 그 곳에서 일하는 교사 한 사람 한 사람은 참으로 개성이 넘치고, 해마다 맞아들이는 어린이들도 하나하나 다릅니다. 그 속에서 '우리 어린이집에서 할 수 있는 보육' '……선생님다운 보육'을 창조해 나가야 합니다.

세 살 어린이들을 맞아들이면 먼저 그 모습을 정확히 관찰하고, 어린이가 발달하는 데 기본이 되는 과제를 생각하면서 날마다 여러 방식으로 실천해 가야 합니다. 다른 어린이집에서 아무리 훌륭하게 실천했다 해도 그것이 자신이 속해 있는 어린이집에서 잘 이어지리라고는 단정할수 없습니다.

지역이 다르면 부모의 생활 감정도 다른 모양으로 어린이들에게 반영되고, 행정 기관이 대응하는 방식도 다르고, 어린이집에 거는 기대도 다릅니다. 설비나 환경이 다르면 더 심합니다. 그렇게 생각하면 어린이를 키우는 데 입문서는 없고, 바로 교사 자신이 내용을 창조해야 한다고 할수 있습니다.

교사는 날마다 부끄러워하거나 망설일 틈도 없이 어린이들과 만나야 하는 만큼 모든 인격을 온 힘을 다해 어린이를 키우는 데 쏟아 부어야 합니다. 교사의 생활 방식과 가치관이 보육에 반영되는 것입니다.

그런 만큼 교사는 날마다 어떻게 살 것인가를 묻고, 어린이와 함께 자라는 것을 실감합니다. 다른 어린이집에서 훌륭하게 실천한 것을 우리 어린이집과 내가 어떻게 살릴 것인지 생각하면서 배우고 실천하여 확인하고, 교사로서 '이것만은' 하는 특기를 가지고, 언제나 꿈을 가지고 새로운 목표에 도전해 가야 합니다.

그 속에서 내가 할 수 있는 내용을 창조할 수 있다면 얼마나 멋진 일입니까? '정말 저 선생님이 아니고서야.' 하는 마음이 들도록 개성도 풍부하게 어린이를 하나하나 기쁘게 할 수 있다면, 그리고 모든 교사들이 그 일로 마음 설렐 수 있다면 얼마나 멋진 일입니까?

또 어린이집이 지역 육아의 중심이라는 표어를 내거는 것으로 끝나지 않고, 지역에 알맞은 곳이 되기 위해서는 좁게는 교사가 어린이 하나하나를 세심하게 관찰하고, 넓게는 어린이가 자라는 집이나 부모의 생활까지 살필 수 있어야 합니다. 그리고 보육 그 자체가 부모나 지역의 생활 감정에 맞는 개성을 지녀야만 합니다. 어린이들에게는 아무리 좋은 내용일지라도 부모의 생활과 동떨어져 있으면 그러한 보육은 겉돌고 맙니다. 혼자서만 좋아하는 보육만큼 허무한 것도 없습니다.

"이번엔 이런 것을 해 보지 않겠어요?" 하고 보육에 대한 꿈을 서로 이야기하면서 내용을 창조하고, 환경을 만들고, 지역이나 부모의 생활을 확실히 판단하고, 어쩔 수 없다고 포기하지 않고 하려는 마음을 가진다면 중간에 내팽개치지 않고 밝게 앞을 내다보며 더욱 풍부한 내용을 창조하기 위해 끈기 있게 도전할 수 있습니다.

어린이집에서 자라서 정말로 다행이라고 진심으로 말할 수 있는 어린이들을 많이 키워 나가도록 합시다.

어린이집과 집에서 할 일

어린이 보는 눈을 같이한다

서로 도와야 하는 까닭

"어린이집과 집에서 힘을 모아 아이 키우기." "어린이의 생활은 스물 네 시간을 통째로 받아들여야." 하고 말하는 데는 누구도 이의를 제기할 수 없습니다.

하지만 현실을 보면 교사는 끊임없이 "저 어머니는……." 하고 한탄하고, 부모도 "어린이를 인질로 잡고 있는 것 같아." 하고 뒤에서 소곤거립니다. 서로 도와 주기를 바랄 때와 바라는 내용이 어딘지 모르게 엇갈려 있는 것은 아닐까요?

갓난아기 때는 부모도 걱정을 하고, 교사도 하나하나 세밀한 부분까지 관찰해서 서로 연락을 주고받는데, 세 살쯤 되면 아직도 어리다고는 하지만 부모 처지에서는 조금 손이 덜 가게 됐다고 안심해서인지, 아니면 그 이전 갓난아기 때 쌓아 놓은 믿음 때문인지 아이를 어느 정도 어린이집에 맡겨 버립니다.

또 세 살 어린이가 첫째 아이라면 이제 동생을 보는 시기가 됩니다. 그런 만큼 부모도 아주 바빠지고, 첫째 아이만 돌보고 보살필 시간이 없습니다. 이런 상황에 어린이들이 놓여 있기 때문에 그만큼 어린이의 마음을 잘 받아들여야 하고, 그와 함께 그 뒷면에 있는 부모와 집안을 함께 생각해야 합니다.

사회 관계가 바뀌면서 아이 키우는 슬기가 전해지지 못하고, 집에서 생활하는 것도 바뀌어 왔습니다. 오늘날에는 아이 키우는 슬기가 대대로 전해져 자연스럽게 부모다워지던 모습도 보기 힘듭니다. 일하는 부모는 생활에 여유가 없어 느긋하게 아이와 마주하여 마음을 나누며 감정을 드높이고, 부모의 사랑을 생각하고 그 마음을 키우고, 아이를 책임져야 한다고 생각하기 어려워졌습니다. 이러한 사정이니만큼 더더욱 어린이집과 아이의 집이 어떻게 할 일을 나누고, 도울지 분명히 해 두어야 합니다.

어린이 한 사람 한 사람이 세밀하게 마음이 움직임이고, 작은 변화가 생길 때는 낮 시간을 대부분 함께 보내는 교사가 알아보는 경우가 많습니다. 어린이집에서 동무들과 어떻게 지내는지 전문가의 눈으로 관찰하고 확인하여 부모에게 전하고, 아이 키우는 기쁨을 서로 나누며 공감대를 넓혀 가야 합니다.

부모와 교사가 서로 힘을 모아 아이를 키울 때는 생각이 같아야 하기 때문에 부모에게 생각을 묻는 경우가 있습니다. 부모는 뚜렷하지 않게 보통 밝은 아이, 상냥한 아이, 씩씩한 아이라고 말합니다. 교사는 정말 그렇다고 대답하지만 실제 문제에 들어가서는 실마리를 잡지 못합니다. 교사는 이론과 기술을 몸에 익혔다고 하지만 어린이는 이론대로 움직이지 않습니다. 생각대로 되지 않을 때 교사는 부모를 탓하고 문제를 피해 가려고 하기 쉽지만, 그렇게 해서는 문제를 해결할 수 없습니다. 어린이의 모습과 그 때 교사가 어떻게 행동하는지 정확하게 분석하여 자세하게 이야기를 풀어 나가고, 부모에게 문제를 제기해야 합니다.

부모와 떨어지지 않으려고 하는 까닭

'가' 어린이는 세 살인데 이미지가 풍부하고, 교사에게 말을 많이 걸고, 나들이 가서 숨바꼭질 같은 놀이를 할 때도 들은 이야기를 곧바로 재현하고, 즐겁게 놉니다. 11월에 태어났는데도 집에서 그림책을 잘 읽어 주어서인지 말도 참 잘 합니다. "저어, 저어, …… 하자고요." 하고 곧 놀이를 찾아 내서 동무를 찾으러 갑니다. 어린이집은 이 어린이에게 정말 즐거운 곳이라고 생각하고 있었습니다.

그런데 아침마다 아버지와 잘 헤어지지 못합니다. 헤어질 때 발버둥치면서 울었습니다. 그리고 한동안 토라져 방구석에 주저앉아 버립니다.

이 어린이가 아침마다 왜 그러는지 모두 함께 이야기해 봤습니다. 담임 교사는 '가' 어린이가 마음 속에 담고 있는 모순과, 교사나 아이들이 '가' 어린이에게 어떻게 대응했는지 하나하나 검토해 봤습니다. "그러고 보니 '가' 어린이는 생활을 재현하는 놀이를 잘 안 해요. 다른 어린이가 역할놀이하는 것을 보고 있으면 집에서 하는 모양과 똑같고, 엄마가 평소에 어떻게 해 주는지 눈에 떠오르는데 '가' 어린이는 그런 게 없어요." "집에서는 어떻게 생활하고 있는 것일까?" 그렇게 생각이 미치면서 작은 일상을 정말 즐겁게 마음에 남을 수 있도록 보내야 한다는 것과, 어린이는 어린이집에서만 아니라 집에서도 경험을 풍부하게 만들어 간다는 것을 배웠습니다.

담임 교사는 곧바로 '가' 어린이의 집을 방문할 날짜를 의논했습니다. '가' 어린이 식구는 아버지와 어머니 그리고 '가' 어린이 셋입니다. '가' 어린이는 어린이집에 갈 시간쯤 되어서 겨우 일어나고, 밤 11시 반쯤에 잠자리에 듭니다. 부모도 대학 시절부터 줄곧 밤에 생활해 왔기 때문에 그것이 보통이라고 생각해 왔습니다. 아이를 좀 더 일찍 재우라고 말해도 계속 "좀처럼 자지 않아요." 하는 말만 해 왔습니다. 게다가 아빠가 저녁 9시 반쯤에 집으로 돌아와서 아이와 조금 놀고 나서 목욕을 하면 아무래도 11시가 넘는다고 했습니다.

부모 처지에 맞게 문제 제기를

교사들은 '가' 어린이의 아버지, 어머니가 자기 합리화를 잘 하기 때문에 먼저 이론으로 풀어 가고 마음으로 이해하면 아이는 반드시 바뀔 것이라고 믿었습니다.

'가' 어린이는 아침마다 잠에서 덜 깨어 어린이집에 오기 때문에 동무들과 잘 놀지 못하고, 낮쯤 되어서야 겨우 '가' 어린이답게 즐겁게 생활합니다. 부모에게 지금까지는 그래도 괜찮지만 앞으로 점점 동무들과 사귀는 게 중요해지는 나이가 되면 힘들어하게 되고, 능력도 제대로 표현할 수 없게 된다고 하면서 이 아이가 어린이집에서 어떻게 지내는지 하나하나 이야기했습니다.

그랬더니 어릴 때 부모가 책임지고 어린이의 생활을 관리해야 한다는 것을 잘 몰랐기 때문에 부모가 중심이 되어 돌아가는 생활에 아이를 그대로 집어넣었다는 것을 확실하게 알게 되었습니다. 그래서 과자를 먹고 싶다고 하면 한 봉지를 다 먹어도 "먹고 싶어하기 때문에." "나도 단 것이 좋으니까." 하며 특별히 의문을 가지지 않은 것 같았습니다. 집에서는 외동아들이기 때문에 아무런 제한도 두지 않고, 하고 싶어하는 대로 내버려 두는 것 같았습니다. 아이는 아버지하고 노는 게 아주 좋았기 때문에 밤늦게까지 자지 않고 기다렸다고 합니다.

교사는 아버지가 잘 놀아 주는 것은 좋지만 아침에 일어나서 어린이집에 오기 전이나, 어린이집에 오면서 놀 수 있도록 삼십 분이라도 시간을 내 주면 좋겠다, 단 이 주일이라도 좋으니 부모가 함께 노력해 주면 좋겠다고 부탁한 모양입니다. '가' 어린이의 부모는 부모가 확실히 책임지고 어린아이가 사람다운 생활 리듬과 먹는 습관을 몸에 익힐 수 있도록 해야 하며, 아이의 건강 또한 책임지고 관리해 줘야 한다는 것을 잘 몰라서 어린이는 자연스레 자란다고 생각하고 있었습니다.

많은 부모들이 어린이의 인격을 존중하고 어른과 동등하게 대해야 하는 것과, 어린이의 생활을 나이에 맞게 어른이 만들어 줘야 한다는 것을 모순처럼 생각하고 있는 것 같습니다.

이처럼 어린이집에서 할 일과 부모가 책임져야 할 일을 뚜렷하게 생각하고, 상대방의 조건에 맞춰서 하나하나 실제로 실천할 수 있도록 문제를 제기해야 합니다. 그 속에서 교사는 부모의 힘든 생활을 이해할 수 있고, 부모도 아이를 어린이집에만 맡겨 버리는 것이 아니라 집안에서도 나이에 맞게 키울 수 있습니다. 이렇게 이야기를 나누면서 부모와 교사는 아이가 자라는 모습을 상상하고, 어린이를 생각하는 관점을 일치시켜 나갈 수 있습니다.

교사와 부모가 서로 돕는다

어린이집에 보내기 전에

어느 어린이집에서나 아이가 어린이집에 들어오기 전에는 부모 설명회와 면접을 하고, 그 때 어린이집의 방침을 설명합니다. 이 때는 일상 활동 속에서 중요하게 여기는 것, 어린이를 바라보는 관점과 어린이집에서 규칙으로 정한 것들을 전하고, 부모의 불안한 마음을 편하게 만들어 주고, 모르는 것을 알게 해 줘야 합니다.

처음으로 어린이집 생활을 하는 세 살 어린이는 모든 것이 신기하게 보이고 작은 가슴은 불안으로 가득 차 있습니다. 이제까지 생활한 내용을 기록하고 아이를 잘 관찰하면서 되도록 부모에게서 아이에 대해 자세하게 들어 두어야 합니다.

세 살 어린이가 이 때까지 집에서 지내다가 처음으로 집단 생활을 하면 저항을 많이 하고, 부모도 아이를 떼 놓지 못해 자칫하면 아이가 계속 울며 떼를 쓰기도 합니다. 부모가 먼저 아이가 어린이집을 믿을 수 있도록 친절하게 마음을 써야 합니다.

어린이의 건강 상태는 처음에 부모와 어린이집이 기본을 서로 확인해 두어야 합니다. 아침마다 부모가 책임지고 어린이의 건강 상태를 점검하고 알림장에 기록해서 전하거나, 어린이집에서 정하고 있는 여러 가지 방법을 부모에게 자세하게 이야기해서 부모가 이해할 수 있게 해야 합니다.

생활 리듬이나 옷 얇게 입히기, 식생활처럼 문제가 되기 쉬운 것들은 기본 생각을 전하면서 어린이의 상태에 맞춰서 천천히 익숙해지도록 합니다.

평소 이야기를 중요하게

날마다 간단한 이야기로 아이 키우는 감동을 전하면서 부모와 교사가 함께 자라는 소중한 관계를 만들어 가야 합니다.

4월 초에는 먼저 부모의 성격과 가치관 같은 것을 잘 판단하고 그 사람의 특성에 맞게 이야기해 가야 합니다. 사람은 삭막한 사람도 있고, 예의 바른 사람도 있고, 얌전하고 정숙한 사람도 있으며 대놓고 바로 말하는 것이 잘 통하는 사람도 있습니다. 교사는 그런 것을 빨리 판단해서 본심에서 우러나오는 말로 서로 이야기할 수 있는 관계를 만들어 가야 하겠습니다.

"안녕하세요."라든가, "다녀왔습니다." 하고 인사를 건네는 것처럼 아이 키우는 기쁨을 따뜻하게 나눌 수 있는 관계를 만들어 나갑시다.

보육 모임

보육 모임은 어린이집의 방침을 부모에게 전하고, 부모가 어린이와 어린이집에 거는 바람을 말할 수 있는 기회입니다. 교사는 어린이들의 평소 모습을 전하고, 세 살 어린이 반의 발달 과제와 어린이의 모습을 전하면서 부모가 집에서 아이를 키울 때 참고하도록 합니다.

그 속에서 부모들도 서로 활발하게 만날 수 있고, 경험도 서로 나누고 공감하면서 학부모 집단을 만들어 갑니다. 부모의 직업은 저마다 다르기 때문에 교사도 부모에게서 많이 배울 것입니다.

모임에서는 교사가 무조건 바라는 것을 말하거나, 요점 없이 앞뒤 없이 끝내지 않고 부모도 참가하기를 잘 했다고 생각할 수 있도록 미리 모임을 준비하고, 부모들이 서로 토론할 수 있는 분위기를 만들어 가야 합니다.

어린이집 소식, 반 소식, 알림장

어린이집의 보육 목표로 나아가기 위해 교사와 부모가 서로 마음을 나누고, 알림장 같은 소식지로 교사의 생각이나 어린이집에서 생활하는 어린이들의 모습을 사실대로 부모에게 전달하고, 그 속에서 부모의 바람이나 요구가 배어 나올 수 있으면 좋겠습니다.

소식을 전할 때는 날마다 간단하게 주고받는 말로는 다 전할 수 없는 것을 전하고, 어린이 한 사람에게 일어난 일일지라도 모든 사람에게 기쁨이 되는 일을 전하는 것이 좋습니다. 때로는 부모가 자기 고민이나 어려운 일도 써서 토론이 될 수 있게도 하고, 교사의 사생활이나 보육 일화 같은 것도 실으면 한결 정다운 소식이 될 것입니다. 반에서 반짝반짝 빛나는 어린이들의 이야기도 소중하게 모아서 전하면 좋겠습니다.

또 세 살 어린이는 아직 집에 어린이집의 모습을 정확하게 전하지 못하기 때문에 어린이집에서 큰 행사 같은 것을 열 때는 그 행사를 기다리는 어린이들의 모습과 반 단위의 목표, 그 밖에 여러 부분들을 자세하게 전하는 소식지를 만들어 전하면 부모는 아주 기뻐할 것입니다.

개인 알림장에는 그날 그날 어린이가 생활한 것 가운데 특징 있는 모습을 써서 전한다 하더라도, 어린이집 소식지와 반 소식지는 전체 속에서 자기 아이의 모습을 다시 바라볼 수 있는 기회가 되고, 부모와 교사와 어린이를 이어 줍니다.

보육 참관

보육 참관을 하는 어린이집은 많습니다. 우리 어린이집에서는 보육 참관 기간을 일 주일로 정해서 하며, 유아 반은 언제라도 형편이 좋은 날, 좋은 시간대에 하고 있습니다. 한 살과 두 살 어린이는 날마다 부모가 참관하러 오면 어린이들이 안정을 찾지 못하므로 참관 기간은 이틀로 정하고, 한 사람이 하루만 참관할 수 있게 했습니다. 세 살 어린이 반은 어떻게 하면 좋을까 하고 망설이다가 어린이집에서 결정한 일 주일 가운데 부모가 시간이 많이 나는 사흘로 정했습니다.

어린이들은 아버지, 어머니가 와서 응석을 부리러 가고 싶어했지만 그런 대로 잘 참는 것 같았습니다. 조금 흐트러졌지만 울고불고하지 않고 평소와 다름없이 싸움도 하고 재미있는 놀이도 생각해 내며 보냈습니다. 그래서 그 반의 현재 과제를 확실하게 전할 수 있었고, 부모들은 보육의 짜임새와 어린이와 어떻게 이야기를 나누어야 하는지를 잘 이해할 수 있었다고 좋은 평가를 내렸습니다.

그러나 밥 먹을 때나 밥 먹은 뒤 낮잠 잘 준비를 할 때는 어린이들이 스스로 잘 할 수 있는데도 어머니들이 가만히 있지 못하고 다 해 줘 버리기도 해서 집에서 부모가 어떻게 하는지 엿볼 수도 있었습니다.

큰 행사 때 아이들이 어떻게 하는지 보여 주는 것도 부모에게 어린이들의 성장의 고비를 생각하게 하는 데 아주 중요한 노릇을 합니다. 그리고 아이들이 평소에 생활하는 모습을 보여 주면 부모는 더욱 믿음을 가질 수 있기 때문에 보육 참관은 뜻이 있다고 생각합니다.

부모와 함께 만드는 행사

어린이집에서 철마다 여는 행사도 어린이에게는 한 단계 성장하는 기회가 되고, 마음을 설레게 하는 즐거운 일입니다. 행사에 쫓기지 않고 부모 자식 사이에 가슴을 설레게 하는 재미있고 즐거운 행사가 되어야 하므로 부모가 적극 참가할 수 있게 요구합니다. 어린이집에서는 먼저 교직원 집단이 어떻게 행사를 구성하고 어떠한 목적으로 무엇을 중요하게 할 것인지 뜻을 모으고, 부모가 무엇을 바라는지 잘 판단해서 행사를 준비해야 합니다. 행사를 기회로 학부모회가 부모 집단으로서 커다란 힘을 낼 수 있는 계기가 될 것입니다.

운동회, 저녁 바람 쐬는 모임, 크리스마스 같은 행사를 할 때는 부모가 많이 도와 줘야 합니다. 그러한 행사에서는 부모도 단순히 옆에서 거들지만 않고 행사를 진행하는 실행위원회를 꾸려 기분 좋게 행사를 이끌어 가는 어린이집도 많이 있습니다.

아이들 때문에 이끌려 나온 아버지가 모두 함께 만드는 즐거움을 누리고, 집에서는 드러내지 않던 모습을 보이고, 아이에게 '우리 아빠 멋지다.'는 새로운 생각을 심어 주고, 마침내 학부모회의 임원까지 일부러 하게 되는 예도 자주 있습니다. 부모를 단지 행사를 거들어 주는 사람으로 보느냐, 아니면 아이 키우는 동료로 보느냐에 따라 행사의 짜임새도 달라지며, 참가하는 부모도 피곤해하지 않고 보람찬 시간을 보낼 수 있습니다.

또 어린이집 행사에서는 나이차가 나는 어린이들을 처음부터 끝까지 모두 볼 수 있습니다. 평소에는 자기 아이 반만 보던 부모도 나이 많은 아이들을 보며 우리 아이가 '내년엔 저렇게 될까?' 하고 전망과 확신을 가질 수 있습니다. 그만큼 우리 아이뿐 아니라 다른 반의 모습도 알기 쉽게 소식지 같은 데서 전해 주는 것이 좋고, 부모는 실제로 행사에 참가하여 어린이들과 서로 맞닿고 부딪치면서 마음을 나눌 수 있습니다.

실천 기록

어린이집 계획

어린이집 계획에는 어린이집 전체에서 맡고 있는 한 살에서 여섯 살까지를 총괄하는 육 년 계획이 있고, 나이마다 다른 연간 보육 계획이 있고, 월간 계획, 주간 계획까지 있어서 한 단위마다 계획을 세우고 실천하고 있습니다.

우리가 하는 일이 사람을 사람답게 키우는 일이고, 우리가 바라는 어린이 모습에 어린이가 다다르게 하기 위해 생각하고 계획하여 실천하는 것이라면 무엇 때문에, 언제, 어떻게 해야 한다는 계획을 세워야 합니다. 계획을 세우지 않고 실천하면 생각나는 대로 맞닥뜨리기 때문에 우리가 내세우는 어린이의 모습으로 어린이가 나아가고 있는지, 어디까지 가고 있는지 알 수 없습니다.

목표에 다다르기 위해 어떻게 해야 할 것인지 교직원 집단에서 확실하게 이야기해서 계획을 세우고, 두고두고 손질해서 훌륭하게 마무리해야겠습니다.

하지만 그 계획을 세울 때는 어린이집이 있는 지역의 특성과, 교사의 특기나 능력이나 개성을 살려서 하는 것이 가장 중요합니다. 계획은 이렇게 세워야 한다고 생각하고 다른 곳에서 세운 계획을 빌려 와 맞추면 몸에 맞지 않는 옷을 빌려 입은 것처럼 됩니다. 또 그 계획에 어린이들을 무리하게 짜 맞출 수 있습니다.

아무리 미숙하더라도 자기 어린이집과 반에 맞는 것을 스스로 기획하고, 그것을 자기 일에 반영하고, 그 성과를 바라보면서 다음 계획을 살려 나갈 수 있도록 내용을 창조해야 합니다.

계획을 세울 때는 먼저 어린이의 현재 모습을 잘 알아 두어야 하는데, 아이를 키울 때는 가장 먼저 어린이의 모습을 있는 그대로 잘 관찰해야 합니다. 어린이를 관찰할 때 교사는 과학에 바탕을 두고 사실을 냉정하게 바라보고, 어린이를 따뜻하게 바라보면서 어린이 행동에 담긴 마음과 동기를 미루어 짐작할 수 있어야 합니다.

어린이의 모습을 관찰하고 판단한 뒤에 계획을 세웠더라도 실천하면서 내용을 덧붙이거나 수정해야 합니다.

계획을 세워서 실천하고, 그 실천을 정리하고 모아서 다음 계획에 살려 나갑시다. 이렇게 되풀이하면 더욱 확실하게 보육을 실천해 나갈 수 있습니다.

기록을 주의 깊게

우리 어린이집은 계획을 세우려고 했지만, 공동 보육으로 갓난아기만 맡아 돌보던 사람들이 모여서 갑자기 일곱 살 어린이까지 맡았기 때문에 처음에는 계획도 세우지 못하고 다른 곳에서 세운 계획을 빌려 와 시작했습니다. 일 년 동안 어린이를 보고 당황하거나 어리둥절해하며 시행 착오를 겪었습니다. 그렇지만 처음 시작할 때는 비록 계획을 빌려 왔지만 반드시 우리 힘으로 우리 어린이집에서만 실천할 수 있는 내용을 만들어 내고, 교직원 모두가 하나씩 확인해 가면서 완성해 가자고 서로 격려했습니다. 그리고 다른 어린이집에서 세운 계획이 좋으면 받아들여서 다시 살펴보고 우리 것으로 만들어 가자고 했습니다.

그랬기 때문에 다른 어린이집과는 양식이나 틀, 영역을 나누는 방법도 달랐습니다. 그 대신 기록을 주의 깊게 남기는 데 힘을 쏟았습니다. 한 달 뒤에 한 달 동안 어린이들이 어떻게 생활했는지, 무엇에 당황하고 기뻐했는지 뒤돌아보고, 어떻게 바뀌었는지도 함께 생각해 보았습니다. 그래서 연간 계획도 가닥만 잡아 세우고 실천하면서 덧붙여 갔습니다. 그렇게 한 해 한 해 경험을 쌓아 가면서 교사마다 기록을 남기고, 보육 전체를 계속 의논해 왔습니다.

어린이 모습을 있는 그대로 관찰한다

세 살 어린이 반을 맡은 교사는 먼저 반 어린이 하나하나가 어떻게 생활하는지 확실하게 관찰했습니다. 밥 먹을 때 숟가락으로 먹는지, 적당하게 먹는지, 음식을 가리는지, 바로 앉아서 먹는지, 잘 먹는지, 그릇은 스스로 정리, 정돈할 수 있는지 따위를 살펴보았습니다.

팬티와 바지, 셔츠를 혼자 입고 벗을 수 있는지, 앞뒤 구별은 할 수 있는지, 단추를 채우고 풀 수 있는지, 필요한 것을 사물함에서 꺼낼 수 있는지, 낮잠 자는 시간은 어느 정도인지, 잠은 잘 드는지, 잠에서 혼자 잘 깨어나는지, 똥오줌 누고 싶을 때 교사에게 말하고 나서 혼자 갈 수 있는지, 옷에 오줌을 싸는지, 똥오줌 누고 난 뒤에 손을 씻는지 따위 일상생활을 4월 한 달 동안 아주 자세하게 기록했습니다.

세 살 어린이는 행동을 하나하나 할 때마다 어른에게 도움을 받으면서 조금씩 자립해 나가지만, 아직 스스로 하지는 못합니다. 교사는 이런 어린이 모습을 "'가' 어린이는 지금 무엇을 하고 있는지도 잘 모르고 뭔지 모르게 왔다 갔다 하고 비틀비틀거린다." "'나' 어린이는 화장실에 갔는데 나왔다 들어갔다 하며 똥을 누지도 않고 그냥 돌아오거나 다른 곳으로 가서 놀고 온다." 따위로 아주 뚜렷하게 기록했습니다.

이러한 어린이들이 스스로 다음 행동을 생각하면서 자랄 수 있으려면 단순히 생활 습관이 자립했느냐, 안 했느냐, 하는 문제가 아니라, 자기 나름대로 행동하려는 마음이 어느 정도 있는지에 달렸다는 것을 볼 수 있어야 합니다.

자세하고 정확하게 기록한다

세 살 어린이 반을 담당한 한 교사는 "'가' 어린이는 모두 함께 하고 싶다고 생각하면서, 행동이 늦어지면 스스로 다음 행동으로 옮아가지 못한다." "'나' 어린이는 까불다가 어떻게 해야 할지 몰라 '엄마, 엄마.' 하고 울어버린다." 하고 어린이의 모습을 기록해 나가면서 "세 살 초반에는 말만 해서 행동을 조절하거나 바꾸게 하려면 노력을 많이 해야 하지 않을까." 하고 썼습니다.

그리고 평소에 스스로 생활할 수 있는 힘을 길러 주기 위하여 행동 하나하나를 시작하고 마무리할 때 몸짓과 말로 확실하게 확인해 주고, 손을 씻을 때는 "싹싹싹, 이제 끝났다." 하고, 밥상을 꺼낼 때는 "영차, 영차, 자 됐다." 해 주고, 행동마다 "……하면 ……하자." "오줌 누면 …… 에서 …… 기다려요." 같은 말을 하면서 반드시 다음 행동을 어떻게 해야 하는지 말해 주었다고 합니다. 왔다 갔다 하고 이리저리 기웃거리면 이러면 안 되는데 하면서 강제로 끌고 동무들이 있는 곳으로 데려가지 않고, "앗, 지금은 이게 아니야." 하면서 "나, 지금 이거 하려고 했어" 하고 스스로 하고 싶어하는 마음을 낼 때까지 기다려 주었습니다.

어린이는 다음 행동을 하기 전에 교사가 먼저 한 행동을 마무리해 주어야 말을 해 주었을 때 자기 행동을 조절할 수 있습니다. 그 아이가 하고 싶어하는 마음을 먼저 이해하고 함께 행동해 주고, 그 속에서 행동을 마무리할 수 있게 뒷받침해 주고, 말을 해 주어야 합니다.

이 교사는 "그 속에서 '지금 난 이것이 하고 싶지만 ……이니까 참는 다.' 하며 자기 행동을 말로 조절하는 바탕이 만들어지는 것은 아닐까 하고 생각했다."고 기록하고 있습니다.

이처럼 우리 어린이집에서는 아이들이 평소에 생활하는 모습이나 노는 모습, 자기 주장을 하면서 자아를 성장시키고 동무를 찾는 모습, 운동 능력을 몸에 익혀 가는 모습들을 정말 자세하고 정확하게 날마다 일지에 기록하고 있습니다. 이 일지는 날마다 공개해서 부모가 아이를 데리러 올 때 볼 수 있게 하고 있습니다.

일지의 예

일지는 모든 반에서 부모에게 공개하는데, "즐겁게 놀았습니다." 하고 추상화된 내용으로 표현하지 않고 '즐겁게'의 내용을 자세하고 뚜렷하게 표현하고, 어린이들의 이름도 넣어서 기록하고 있습니다.

예를 들면, "동물원에 소풍을 갔다 온 뒤 모두가 사자가 되어 놀았습니다. 아빠사자, 엄마사자, 새끼사자가 되어서 그럴듯하게 놀았습니다. 사자라고 이름 붙였지만 자기 부모와 자기 경험을 재현하는 것입니다. '엄마 나갔다 올 텐데 집 잘 볼 수 있어?' 하고 말하는 엄마사자 '가' 어린이. '싫어, 싫어.' 하고 말하는 새끼사자 '나' 어린이와 '다' 어린이. '괜찮아, 아빠가 있으니까.' 하는 '라' 어린이. '가' '나' '라' 어린이는 '자, 집 잘 봐.' '조금만 있어, 빨리 돌아올게.' '응.' '다녀올게요.' '잘 다녀와요.' '참, 열쇠 잃어버렸다고.' 하며 이야기를 주고받고, 교사가 끼어들지 않아도 자기네끼리 놀이를 만들어 내고 있습니다. '나' 어린이는 새끼사자라고는 해도 사자가 되었다는 생각으로 동무들 곁에 있는 것만으로 만족하고 아직 이야기는 나누지 않습니다." 이렇게 기록합니다.

그리고 월말에 그 달의 계획을 펼쳐 보면서 한 달 동안 어린이가 생활한 모습을 대략 정리하고 기록하여 전체 회의에서 서로 보고합니다.

교사가 바라는 어린이 모습과 현실에 있는 어린이 모습을 연결하기 위해서 어떻게 해야 하는지, 세 살 어린이를 주의 깊게 관찰하고 일 년 뒤에 어떤 모습을 보여 줄 것인지, "반드시 이렇게 될 거야." 또는 "이렇게 되어 주었으면." 하며 담임 교사끼리 꿈을 이야기해 보자고 했습니다. 거기에서 계획이 세워질 것입니다.

한 해 마무리

어린이들과 즐겁게 지내면 실로 눈 깜빡할 사이에 일 년이 지나가 버립니다. 그러면 교사도 "어느새 나이를 한 살 더 먹고 말았네." 하고 한탄합니다. 하지만 너무 정신 없이 지나가 버린 것은 안타깝지만, 어린이들이 자라 온 귀중한 발자취는 남아 있습니다.

한 해 보고서를 자세하게

일 년을 두 번 또는 세 번으로 나누어 돌이켜보면서 마무리하는 어린이집도 많다고 생각합니다.

우리 어린이집에서는 일 년을 세 시기로 나눠서 8월 말, 12월 말 그리고 2월 말에 그 기간을 되돌아보면서 그 해 활동을 마무리하고 있습니다. 그 때마다 이번에는 어디에 초점을 두고 마무리할 것인지 의논하고 건강한 몸 만들기, 모양이 바뀌는 소재를 갖고 노는 놀이, 집단 만들기 같은 주제를 정해 토론하고 깊이 이야기 나누면서 보육을 정리해 왔습니다.

시기마다 한 달쯤 전에는 마무리할 방향을 정하고, 반마다 상담을 합니다. 이 기회에 자기 반의 일지를 다시 읽어 보고 여러 자료를 참고하면서 보육을 정리합니다.

올해 연말에 세 살 어린이 반에서는 보고서를 다섯 개 만들었습니다.

첫째, 건강한 몸을 만들기로 했습니다. 이를 위해서 기본 운동 능력을 몸에 익히고, 동무들과 함께 힘을 내서 해 보게 했습니다.

둘째, 자기 주장을 하면서 동무들 사이에서 자라게 했습니다.

셋째, 확실히 놀게 했습니다.

넷째, 평소에 자기 나름대로 전망을 가지고 행동하는 것은 무엇인지 생각해 보도록 했습니다.

다섯 째, 세 살 어린이 반은 작품 전시회로 마무리하기로 했습니다.

보고서마다 아주 자세하게 어린이와 교사가 한 것을 알기 쉽게 적어 놓고 있습니다. 한 보고서마다 2천5백 자에서 5천 자까지 적어 분량도 대단하고, 반마다 거의 같은 보고서가 나오기 때문에 전체 토론을 하는 것도 엄청난 일입니다.

연말 마무리를 할 때는 반 활동뿐만 아니라 급식에서부터 보고서나 어린이집 전체에 관한 문제를 다룹니다. 예를 들면 어린이집 소식지나 행사 내용, 보육 모임을 갖는 방법, 회의를 진행하는 방법, 교직원 집단 만들기 같은 내용으로 어린이집 전체 운영에 관한 것인데, 이 때는 시간 이 걸립니다. 연말 마무리를 할 때는 부모에게 도움을 받아 토요일 오후 부터 합숙을 했습니다. 해마다 이렇게 합숙 회의를 되풀이하면서 지난 해에 내린 결론이 잘못되었는지, 제대로 되었는지 되돌아보고 조금씩 차원을 높여 새로운 과제에 도전해 갑니다.

회의 중에 의문이 제기되거나 모르는 것도 생기고, 모두가 공부해야 할 숙제도 남습니다. 이제까지 아무런 의심도 하지 않고 실천해 온 것인 데도 "어째서 그런가요?" 하고 물으면 "지난 해에도, 지지난 해에도 해 오던 것이라서." 하면서 구태의연해지지 않고 어린이에게 어떠한 것이 좋은지 다시 한 번 생각해 볼 수 있습니다.

당번 활동의 점검

올해 마무리 회의에서는 "세 살 어린이가 당번 활동 하는 것을 어떻게 봐야 하는가." 하는 의문이 제기되었습니다.

해마다 가을 무렵부터 어느 반에서나 당번 활동을 했습니다. 당번 활동이라고 해야 밥 먹을 때 숟가락을 나눠 준다거나, 손 닦는 수건을 나눠 주는 정도입니다. 모두가 잘 알아볼 수 있도록 예쁜 앞치마를 입고서 자랑스럽게 합니다. 모두가 하고 싶어하기 때문에 어린이들은 "나도, 나도." 하고 옥신각신합니다. 아직 차례를 잘 이해하지 못하기 때문에 교사가 "누가 예쁜 아이지?" 하고 차례로 머리를 쓰다듬어 주다가 멈추면 그 아이가 하도록 했습니다. 교사는 모두에게 평등하게 기회를 주려고 하는데도 아이들은 좀처럼 이해하지 못하고 "내가 할 테야." 하고 화를 낼 때도 있습니다. "다음에." 하고 말해도 언제가 다음인지 몰라서 받아들이지 못하고 울어 버립니다.

그러다가 어린이 쪽에서 "참아." 하는 말이 나왔습니다. 교사는 무엇인가 이상하다고 생각했습니다. 일을 거들면서 모두에게 도움이 되는 것을 기쁘게 생각할 수 있도록 키우려 했는데 어린이에게 도와 주고 싶은 마음을 참으라고 해도 괜찮을까 싶었고, 이런 일로 싸움까지 일어나게 만들다니 가엾다는 생각도 들었습니다. 그렇게 해서 세 살 어린이가 당번 활동 하는 것을 어떻게 볼 것인지 모두에게 숙제가 되었습니다.

다음에는 당번을 정하지 않고 아이들 열셋을 남자 아이, 여자 아이로 나눠서 모두 함께 하도록 해 봤습니다. 교사는 어린이들에게 참는 마음이 생긴 것을 기쁘게 생각하고, 머지않아 네 살이 될 때쯤에는 차례와 다음을 이해할 수 있어서 심부름에서 한걸음 나아가 모두를 위해서 책임지고 당번 활동을 할 수 있기를 바라고 있습니다.

두 아이가 손 잡고 걷는 일

또 이런 문제도 나왔습니다. 우리 어린이집은 마당이 좁아 날마다 모든 반이 함께 나들이를 갑니다. 처음에는 겨우 걷기 시작한 두 살 어린이는 유도 로프를 쓰고, 세 살 어린이는 둘씩 손을 잡고 교사가 앞뒤에 서서 줄지어 갔습니다.

줄곧 그렇게 해 왔기 때문에 당연히 4월 초부터 문 앞에서 "손 잡고 가자, 누구하고 잡아도 좋아요." 했는데, 그 가운데 두세 아이는 꼭 주저앉거나 발을 구르며 화를 냈습니다. 자기가 손을 잡으려고 생각한 아이가 다른 아이와 손을 잡는 것을 이해할 수 없었던 것입니다. "바꾸자."고 해도 싫다고 거부합니다. "그럼, 다른 아이하고 손 잡아 줄까? ○○는 아직 동무가 없는 것 같아." 하고 교사가 말을 걸어서 이해할 때도 있지만, 이해하지 못할 때는 나들이를 가기까지 시간이 많이 걸리기도 했습니다. 늦은 달에 태어난 아이일수록 손을 잡지 않으려고 하는 경우가 많았습니다.

그러다 2학기로 들어가면 늦은 달에 태어난 아이를 빼고는 거의 다투지 않고, 그 대신 줄설 때 옥신각신합니다. "내가 먼저." "○○는 다음." 하고 울며 싸웁니다. 그리고 한 해를 정리하는 2월쯤에는 자기가 손 잡자고 한 아이가 싫다고 하면 웃으면서 "섭섭하다." 하고 말도 합니다. 또 손 잡고 싶다는 아이의 마음을 대변해서 "손 잡고 싶다고 하는데." "싫다고." "그럼 다른 아이 찾아보면 어때?" "그럼 ○○의 손을 잡아 볼까." 하고 이야기를 나눕니다.

이런 모습을 보면서 4월부터 세 살 어린이에게 둘이 손을 잡으라고 한 것은 무리가 아니었는지, 4월 첫 나들이는 어린이들 상태에 맞춰서 느긋하게 마음 내키는 대로 즐기게 하는 것이 좋지 않은지 생각해 봅니다. 그리고 2학기에 들어가서 둘이서 손을 잡고 서로 마음을 맞추면서 걸을 수 있으면 좀 더 많이 걷고, 목적을 가지고 나들이를 가는 것도 좋습니다. 이 무렵에는 천천히 걷는 동무들에게 "빨리 가자." 하고 재촉하는 어린이들도 있다고 합니다.

이 토론을 하면서 두 살 어린이에게 유도 로프를 쓰는 것은 다시 생각해 봐야 하고, 세 살 어린이가 여기저기 기웃거리면서 탐색하는 활동이야말로 나들이에서 가장 중요하게 생각해야 할 것이라고 이야기했습니다.

한 해 마무리 회의

이처럼 한 해를 마무리하면서 좀 더 정확하게 실천하려고 노력하고 있습니다. 한 해 마무리 회의도 처음에는 반마다 서로 보고하고 의논했지만 사 년째부터는 과제별로 토론하기로 하고, 어린이집이 육 년 동안 어떻게 성장했는지 계통을 볼 수 있게 하려고 예비 토론도 하고, 전체에서 깊이 이야기해 보고 싶은 문제를 몇 가지 이끌어 내고 주제를 정하여 이야기하려고 했습니다.

일상 활동뿐만 아니라 큰 행사나 계획이 끝난 뒤에는 반드시 정리해서 기록해 두어야 합니다. 이처럼 어린이집 전체에서 보육 내용 하나하나를 세밀하게 관찰하면서 실천을 쌓아 나가야 합니다.

새로 들어온 교사는 좀처럼 의논하는 데 끼지 못하고 이야기도 적게 하지만, 나중에 "정말로 공부가 되었다. 아이를 왜 키우는지 이해할 수 있었다."고 느낄 수 있도록 조금씩 믿음을 쌓아 나가야 합니다.

교직원 집단이 서로 이해하고, 해마다 실천하면서 배우고 확신하고, 전체에서 합의한 것을 목표로 세워 다음 해에 살려 나가면서 실천을 더욱 확실하게 해 나갑시다.

5

궁금해요

질문 세 살 남자 아이인데 아슬아슬해서 눈을 뗄 수가 없습니다.
① 무엇을 조심해야 할까요?

통계를 보면 어린이의 사망 원인 가운데 두 번째를 차지하는 것이 불의의 사고입니다. 그 가운데서도 두세 살 어린이가 사고로 많이 죽기 때문에 가장 조심해야 합니다.

이 시기에는 행동 범위가 넓어지면서 모험심이 왕성해져 무엇이든 해보고 싶어하지만, 앞을 미리 내다보고 예측하지는 못합니다. 그래서 높은 곳에서 일단 뛰어내리고 보거나, 갑자기 찻길에 뛰어들어가기도 합니다. 그 가운데서도 불에 데거나 물에 빠지는 것은 어른이 주의하지 않아 생기므로 아주 조심해야 합니다. 뜨거운 물이 담긴 주전자나 된장국을 엎어서 데는 경우가 많기 때문에 조심해야 합니다. 데었을 때는 먼저 물로 식히고 나서 병원에 가도록 합니다.

한편, 집 안에서도 물에서 사고가 자주 납니다. 어린이는 물을 찾아서 어느 곳에라도 갑니다. 욕조나 세탁기같이 물을 담아 놓은 곳에는 눈을 떼지 맙시다. 20~30센티미터 깊이밖에 안 되는 물에도 빠져 죽을 수 있습니다.

그 밖에 무엇이든 입에 넣어서 입 안에 상처가 나거나 목구멍이 막히는 경우가 있기 때문에 조심해야 합니다.

그러나 지나치게 안전을 강조하여 아이가 대범하게 행동하도록 내버려 두지 않으면 오히려 다치기 쉽습니다. 아이가 실제 장면 속에서 체험하여 위험을 느낄 수 있도록 해야 하겠습니다.

질문 ② 동무가 갖고 노는 장난감은 무엇이든 탐을 냅니다. 그리고 언제쯤이면 한 가지 일에 빠져들어 놀 수 있을까요?

　지금까지 장난감을 어떻게 주었습니까? 생일이나 설날, 손님이 올 때 계속해서 받았거나 사 주지 않았습니까? 장난감을 많이 갖고 놀면 웬만해서 한 가지 일에 빠져들지 못합니다. 동무가 가지고 있는 장난감을 탐내지만 그렇다고 해서 그 장난감을 가지고 노는 것도 아니고, 동무가 가지고 있는 것을 뺏는 것이 놀이가 되어 버린 것은 아닐까요?

　장난감을 이것저것 한꺼번에 내놓지 않고, 때때로 바꿔 가면서 주는 것도 좋다고 생각합니다. 서너 살 어린이는 한 가지 일에 기껏해야 오 분쯤 집중할 수 있습니다. 그 때 어른이 옆에 있으면 점점 놀이가 발전해서 잘 놀 수 있습니다. 이 시기는 흉내내는 시기이므로 어린이 혼자서는 잘 놀지 않고 어른과 함께 놀려고 합니다. 마음껏 같이 놀아 주도록 합시다.

질문 ③ 선생님이 우리 아이는 마음이 약해서 아이들 앞에서는 아무것도 못 한다고 합니다. 저녁에 어린이집에 아이를 데리러 가서 보면 언제나 혼자 놀고 있습니다. 어떻게 하면 좋을까요?

　두 가지 원인이 있다고 생각합니다. 하나는 집에서 아이를 어떻게 돌보는가 하는 문제이고, 또 하나는 어린이집에서 동무와 어떻게 관계를 맺고 있는가 하는 문제입니다.

　부모는 아이가 집에서 활발하다고 생각하겠지만, 아마 어른이 상대해 줄 때만 활발할 것입니다. 또 어린이의 표정을 미리 읽고 어린이가 말도 하기 전에 부모가 다 해 주지는 않았는지요?

　세 살쯤 되면 말을 어느 정도 하므로 비록 더듬더듬 서툴게 말할지라도 자기 마음을 어른에게 전할 수 있습니다. 그렇기 때문에 "왜 그래?" 하고 부드럽게 물어 보고 생각을 이끌어 내 주어야 합시다. 시시한 말처럼 들려도 착실하게 들어줍시다. 그렇게 해야 어린이는 어린이집에서도 자기 생각을 동무들에게 말할 수 있고, 함께 놀 수 있습니다.

교사는 세 살 어린이의 특징을 확실하게 판단해서 아이들이 동무를 만들 수 있도록 마음을 써야 합니다. 그렇게 하기 위해서는 아이마다 차이가 가장 많이 나는 세 살 어린이의 상황을 잘 이해해야 합니다. 그리고 교사가 중재자가 되어 어린이와 어린이를 이어 주어야 어린이들끼리 마음을 잘 나눌 수 있습니다.

어린이 못 하는 것은 이것저것 지적하지 않고, 좋은 점을 칭찬해 주어야 합니다. 또 교사는 어린이를 데리러 온 부모에게 "……을 할 수 있어요." "평소에는 여러 동무들과 노는 걸 싫어했는데 오늘은 아주 좋아했어요." 하며 어린이가 잘한 점을 이야기합시다. 이렇게 하면 부모는 부부가 함께 일하는 바쁜 생활 속에서 힘을 받을 것입니다.

아버지, 어머니 그리고 교사가 함께 손을 잡고 아이를 키워야 합니다.

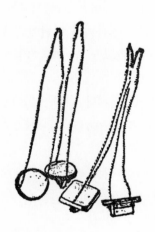

하늘을 나는 나막신 가미카 다다오가 만든 놀이 기구

질문 4 요즈음 아이가 음식을 가려서 걱정입니다. 어떻게 하면 좋을까요?

어린이가 음식을 가릴 때는 몇 가지 원인을 생각해 볼 수 있습니다.

첫째, 부모나 교사가 음식을 가려먹으면 어린이도 음식을 가려먹습니다. 어린이 앞에서 음식이 싫다고 남기면 어린이는 가리지 않고 먹으려는 마음을 잃어버립니다. 그리고 똑같이 싫다고 흉내내기도 합니다.

둘째, 아이가 어른에게 어리광을 부리는 것입니다. 어른이 먹여 주기를 바랄 때 "못 먹어." 하고 표현하기도 합니다. 이럴 때는 싫다고 하다가도 다음에는 먹기도 하기 때문에 알아차릴 수 있습니다. 이런 모습은 더구나 어머니가 동생을 낳기 전에 자주 나타납니다.

셋째, 세 살 시기에는 여러 가지 맛과 혀의 느낌을 구별해 내는 특징이 나타납니다. 그래서 자신의 입맛에 맞지 않는 식품이나 반찬을 거부합니다. 예를 들면 송이버섯조림, 된장국 속에 든 파나 죽순, 콩나물과 숙주나물을 기름에 볶은 음식처럼 미끈미끈한 느낌이 나는 음식을 싫어합니다. 또 탕수육처럼 식초를 가열한 냄새가 나는 음식도 싫어합니다.

그렇지만 보통 먹고 있고, 먹이고 싶은 것은 여러 가지로 연구해서 주도록 합시다. 우리 어린이집에서는 무가 많이 있을 때 교사가 어린이 앞에서 무를 깎아 먹은 적이 있습니다. 교사가 "아, 맛있어." 하는 말에 이끌려서 "나도, 나도." 하고 말하는 어린이에게 조금씩 잘라 주니까 금세 다 먹고 더 달라고 했습니다. 무를 처음 먹어 본 아이들이 금세 무를 좋아했습니다. 또 나들이 가다가 길가 가게에서 딸기를 사서 공원 수돗가에서 씻어 먹으니까 딸기를 싫어하던 아이들이 동무들이 먹는 것을 보고 이끌려 먹기도 했습니다. 처음 밥상에 올렸을 때는 싫어하던 음식이라도 두세 번 거듭 올리면 먹기도 합니다. 그렇기 때문에 한 번 해 보고 포기하지 말고 여러 방법으로 음식을 만들어 어린이들이 먹을 수 있도록 해 나가면 됩니다.

되도록 여러 가지 식품을 골고루 섭취하는 것이 바람직하지만 영양가가 있거나 몸에 좋아서 먹게 하는 것은 세 살 어린이에게 조금 무리입니다. 둘레에서 맛있게, 즐겁게 먹는 것이 중요합니다.

질문 5 우리 아이는 세 살 어린이 반이 되어서 젓가락을 쓰기 시작했습니다. 그래서 집에서도 젓가락을 쓰게 해 보았는데 서툴기만 합니다. 선생님께 물어 보니까 어린이집에서도 그렇게 먹는 모양입니다. 고칠 수 있는 방법이 없습니까?

먼저 젓가락을 쓰게 한 시기가 그 어린이에게 알맞은 시기인지 생각해 보아야 합니다. 숟가락을 쥘 때 연필을 쥐듯이 쥐지 않고 위나 밑에서부터 쥐면 젓가락도 그렇게 쥡니다. 그러므로 숟가락을 올바르게 쥐는 것부터 지도해야 합니다.

세 살 어린이는 어른이 쓰는 것과 똑같은 것을 쓰고 싶어하기 때문에 젓가락도 같은 것을 써 보고 싶어하겠지요. 그렇기 때문에 "그렇게 쥐면 안 돼요." 하고 말하지 말고, 카레라이스 같은 음식을 먹을 때 숟가락을 쥐는 방법부터 가르쳐 주세요.

두 번째로 소재 문제인데, 플라스틱으로 만든 어린이 젓가락은 미끄러워서 어른도 쓰기 어렵습니다. 나무 젓가락이 알맞은 것이 없으면 소독을 한 나무 젓가락을 깎아서 만들어 줍니다. 이렇게 하면 어린이는 부모에게 귀여움을 받고 있다고 느끼고 젓가락을 소중하게 다룹니다.

세 번째는 한두 살 시기의 놀이와 관련된 문제입니다. 나무 토막 쌓기 놀이, 찰흙 만들기, 종이 찢기, 모래놀이처럼 손목과 손가락을 움직이는 놀이를 많이 하면 조금만 지도해도 젓가락을 쥘 수 있습니다.

그렇지만 질문하신 부모님의 아이는 서툴게 젓가락질을 시작했고, 한두 살 시기로 다시 되돌릴 수 없기 때문에 지금부터라도 되도록 놀이를 많이 할 수 있도록 해 주세요. 나중에 대여섯 살이 되어 동무들과 젓가락 쥐는 방법이 다르다는 것을 알아차리거나, 동무들에게 올바르게 쥐는 방법을 배우면 젓가락을 바르게 쥘 수 있습니다.

보통 여섯 살쯤 되어야 젓가락을 올바로 쥘 수 있다고 하므로 서두르지 말고 천천히 가르치도록 합시다.

탈것 묶음 가미카 다다오가 만든 놀이 기구

질문 6 아이가 쓰는 변기가 들고 운반하기 좋아서 여행 갈 때도 가지고 가는데, 요즈음 들어서 변기가 없으면 당장 똥이 나오려도 하는데도 누려고 하지 않습니다. 어떻게 하면 좋겠습니까?

어린이 변기에만 지나치게 기대면, 변기가 없을 때는 쩔쩔매며 참다가 결국 팬티에 싸 버리기도 합니다. 집이나 어린이집 안이라면 그다지 큰 문제가 되지 않고, 언젠가는 화장실에 갈 수 있기 때문에 초초해하지 않고 천천히 상태를 봐 가면서 대처하면 되지만 밖으로 나가거나 여행을 갈 때는 아주 큰일이군요.

"응가, 응가." 하고 괴로워하며 지금 당장 똥오줌이 나오려고 하는데도 변기가 없어서 똥을 누지 않으면, 부모는 아이가 도대체 언제쯤 돼야 변기가 없어도 똥을 눌 수 있을까 하고 걱정합니다. 변기에 지나치게 기대면 착실하게 버릇을 잘 들였다고 볼 수 있지만, 그렇기 때문에 오히려 융통성이 없어진 것입니다.

"이제 네 살이 됐으니까 변기에서 누지 말고 엄마 아빠처럼 변소에서 눌까." "이제 형(누나)이 됐으니까." 하고 어린이가 잘 알아들을 수 있도록 이야기하고 과감하게 변기를 치웁시다. 처음 얼마 동안은 옷에 싸 버리기도 하지만 그렇게 하면서 변기가 없어도 똥을 누기 시작합니다. 화장실에서 조금이라도 눌 수 있으면 마음껏 칭찬해 주세요.

사실은 이렇게 되기 전에 여행 갔을 때나, 물건을 사러 갔을 때 그 곳 화장실에 데리고 가서 누게도 하고, 혼자 똥오줌을 눌 수 있도록 도와주는 것이 중요합니다.

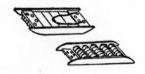

썰매 차 가미카 다다오가 만든 놀이 기구

질문 우리 반에 자폐성 장애를 앓고 있는 아이가 있습니다. 저는
자폐성 장애 어린이를 처음 돌보는데, 자폐성 장애의 특징과
돌볼 때 주의해야 할 점을 가르쳐 주세요.

자폐증의 개념과 용어 사용에는 혼란이 있습니다. 자폐증은 1943년에
처음으로 미국의 레오 카너가 사례를 보고한 뒤부터 여러 관점에서 의
견이 나오고 있습니다.

1970년대에 들어와서 생물학적 측면에서 연구도 이루어졌고, 나이가
들면 뇌파가 이상하게 증가한다는 연구 결과도 나와 있습니다. 이런 것
은 자폐성 장애의 바탕에 뇌 장애가 있다는 것을 암시하고 있습니다.

세계보건기구(WHO)에서 정의한 내용이 전문가가 대부분 공통으로
생각하는 것이라고 할 수 있습니다. 세계보건기구에서는 자폐증을 이렇
게 정의하고 있습니다.

"자폐증은 늦어도 태어난 지 30개월 이전에 증상이 인정되는 증후군
으로 눈으로 보고 귀로 듣는 데 이상이 있는데, 보통 말을 이해하는 데
심한 장애가 있다. …… 말이 늦게 발달하고, 발달할 즈음에는 방향을 가
리키는 낱말과 대명사를 거꾸로 쓰는 모습이 보이고, 문법 구성을 잘 못
하고, 추상어를 제대로 쓰지 못한다. …… 사람들과 눈을 맞추지 못하고,
사회에 익숙해지지 못하고, 여섯 살 이전에 인간 관계를 맺는 데 장애가
가장 심각하게 나타난다. …… 지능은 아주 낮거나 정상이거나, 또는 높
거나 해서 모두 다르다. ……."

원인은 아직도 뚜렷하지 않지만, 치료할 때와 돌볼 때는 사람과 관계
를 맺기 어려워하는 자폐성과, 사물에 지나치게 집착하고 변화를 거부
하여 같은 성질을 보존하고 유지하려는 특징을 개선하는 데 중심을 둬
야 합니다.

자폐성 장애 어린이를 돌볼 때는 그 아이 혼자서만 사물과 관계를 맺

지 않도록 바로 앞에서 몸짓과 목소리를 크게 하여 대처해야 합니다. 예를 들어, 트램펄린을 좋아하면 혼자서 몇 번이나 뛰게 하는 것보다 다른 사람과 손을 잡고 눈을 맞추면서 뛰게 하고, 그네를 탈 때도 다른 사람과 마주 보고 타게 해야 합니다.

이름을 부를 때는 얼굴을 마주 보고 부르고, 사람을 거쳐 물건을 받게 하거나 다른 사람과 함께 활동할 수 있도록 해 주어야 합니다. 뒤쫓는 놀이나 공을 주고받는 놀이처럼 마주 보며 몸을 움직이면서 노는 놀이가 좋고, 놀 때는 감각 기관을 모두 끌어 와 놀게 하는 것이 좋습니다.

문자나 숫자에 너무 집착하면 되도록 그러한 물건을 눈에 보이지 않는 곳에 치워 둬야 합니다. 하지만 찾아 냈을 때는 뺏지 않고 함께 보거나 서로 마음을 나누는 것이 중요합니다.

그리고 진흙탕놀이나, 빗금을 마구 긋는 놀이, 물놀이처럼 모양이 바뀌는 소재로 마음껏 놀 수 있는 곳을 만들어 줘야 합니다. 호스에 집착할 때에는 꽃에 물을 주거나, 물통에 물을 넣어서 수영장에 옮기게 해 아이가 발전할 수 있게 합니다.

교사와 깊은 관계를 만들기 위해 담당자를 정하고, 그 담당자에게만 맡겨 버리지 말고 아이가 어디를 가더라도 교직원들이 이름을 부르며 말을 걸어 줄 수 있게 방법을 의논합시다.

폭과 길이 74cm
높이   60.5cm

칸막이 가미카 다다오가 만든 놀이 기구

질문 8 지난 해에 어느 장애어린이보육연구회에 참가했는데 '발달 장애 네트워크 만들기'를 논의했습니다. 어떤 뜻이 있습니까?

어린이가 모두 튼튼하게 자라기 위해서는 헌법이나 어린이 헌장에서 주장하는 발달권, 생활을 지킬 수 있는 권리와 생명을 존중받을 권리를 보장할 수 있는 제도를 국가나 지방 자치 단체가 만들어 가야 합니다.

더구나 장애가 있을 때는 특별한 방법을 찾지 않으면 장애를 극복하면서 제대로 발달하기 어렵기 때문에, 가장 발전한 현대 과학을 준비해야 합니다.

학교에 들어가기 전 아이들에게 깊이 관여하는 기관으로는 보건소, 의료 기관, 어린이집, 유치원, 장애 어린이 통원 시설, 어린이 상담소, 복지 사무소, 교육위원회가 있습니다.

장애 어린이 발달과 생활에 이러한 기관들이 함께 힘을 기울이고, 한 어린이도 빠짐없이 대응해 나가는 체제를 만들려고 노력하는 운동을 발달 보장을 위한 네트워크라고 합니다.

시가 현 오오츠 시에서는 '검진 백 퍼센트, 발견 백 퍼센트, 치료 백 퍼센트'라는 제도를 만들어 전국에서 눈길을 끌고 있습니다. 오사카의 네야가와 시, 스이타 시, 기시와다 시 같은 데서도 관계자가 노력하여 관계 여러 기관에서 폭넓게 서로 연대하고 제휴하고 있습니다.

이들 시에서는 심리 직원이나 이학 요법사 같은 직원이 부서에 보건소 검진 협력 체제를 만들어 보건소에서 장애 어린이를 발견하면 되도록 빨리 대응할 수 있게 노력하고 있습니다.

그리고 관계 기관의 대표가 모여서 어린이가 유치원이나 어린이집에 들어가는 것도 미리 협의하고, 어린이 하나하나에게 맞는 보육 조건은 무엇인지 생각하고, 실천을 거듭하고 있습니다.

예를 들면, 지능 발달이 늦는 아이라도 운동 기능 발달이 너무 늦어 걸는 훈련을 해야 하면 지체부자유 어린이 시설에서 훈련받게 하고, 대인 관계를 잘 못 하는 어린이는 사람과 공감할 수 있도록 적극 실천하고, 모양이 바뀌는 소재를 마음껏 사용할 수 있는 장애 어린이 통원 시설에 들어갈 수 있도록 하고 있습니다. 또 흉내를 잘 내는 장애 어린이는 나이에 상관 없이 어린이집에 들어갈 수 있게 하면서 전체가 서로 도울 수 있도록 체제를 만들고 있습니다.

이렇게 하지 못하는 어린이들은 기다리기만 하는 것이 아니라 적어도 일 주일에 한 번이라도 토요 교실을 열어 참가하게 하면서 빈틈없는 체제를 쌓아 가고 있습니다. 게다가 학교에 들어가기 전에 활동한 것을 학교 교육에서 잘 이어 갈 수 있도록 교육위원회와 연계하여 취학지도위원회에 관여하려는 움직임도 일고 있습니다.

이처럼 저마다 처한 처지에서 다른 기관과 서로 돕거나, 활동을 더욱 잘 하기 위해서 힘을 모으고 지혜를 서로 짜내면 네트워크를 만드는 것으로 이어질 것입니다.

질문 ⑨ 발달 진단은 차별로 이어진다고도 하는데 정말 그렇습니까? 발달 진단을 왜 해야 하는지 가르쳐 주십시오. 또 중증 장애 어린이라도 어린이집에서 건강한 아이와 함께 키워야만 한다고 생각하는 사람도 있습니다. 어떻게 생각해야 좋을까요?

발달 진단을 하는 까닭은 어린이가 발달할 수 있는 가능성을 꿰뚫어 보고, 어린이가 그 힘을 계속해서 잘 드러낼 수 있도록 교육계, 의료 기관, 지역, 집에서 힘을 모아 수단과 방법을 다해 여러 조건과 방향을 분명히 하기 위한 것입니다.

말을 잘 못 하는 어린이라면 말을 더듬거리는지, 사람에게 무엇을 바라는 듯한 표현을 하는지, 어린이가 쓰는 낱말은 사물과 관계가 있는지 따위 발단 단계와 관련된 것을 알아봅니다. 더 나아가 듣는 능력은 어떤지, 발성 기능은 괜찮은지, 뇌종양 같은 병으로 소리를 내지 못하지는 않는지, 불행한 일에 마음이 상해서 사람과 사귀는 것을 불안해하는 것은 아닌지, 동무들 힘에 눌려 힘을 드러내지 못하고 자신감을 갖지 못하지는 않는지, 마음 속에 남을 만한 감동을 받은 적이 없기 때문에 감정이 결핍되어 표현하려고 해도 할 수 없는 것은 아닌지, 걸림돌이 있으면 그것을 극복하려는 새로운 에너지를 뿜어 내는지, 퇴행 행동을 하지는 않는지 하는 것들을 살펴보면 해야 할 일이 뚜렷하게 보입니다.

이처럼 발달 진단이란 단순히 지능 검사나 하고 그 항목을 통과했는지 안 했는지, 지수는 어느 정도인지, 비장애 어린이하고는 얼마나 차이가 나는지 하는 한정된 것을 알아보는 것이 아닙니다. 발달 진단이 차별이라고 말하는 사람은 어린이의 끝없는 발달 가능성을 외면하고, 어린이를 책임지고 지도하려고 하지 않는 사람들이겠지요.

건강한 아이와 함께 보육하는 것이 가장 좋다고 하는 의견에도 똑같은 문제점이 있습니다. 장애를 줄이기 위한 훈련을 해야 하거나, 특별한 의료 보육과 도움을 받아야 하는 어린이까지 똑같이 어린이집에 들어가야 한다고 강조하는 것은 오히려 한쪽만 보고 하는 생각입니다. 또 건강한 아이들과 관계를 맺는 것뿐만 아니라 같은 장애를 가진 어린이가 서로 관계를 맺을 수 있게 해야 합니다.

사람이 풍성하게 발달하려면 배운 것을 실제로 실천해 보아야 합니다. 어린이들도 '남이 해 주는 관계' 뿐만 아니라 '내가 남에게 해 주는 관계'를 배워 동등한 관계를 맺을 수 있는 곳이 있어야 합니다.

그렇기 때문에 장애 어린이에게는 비장애 어린이나 나이가 같은 어린이와 함께 하는 것뿐만 아니라, 혼자서 스스로 힘을 드러내고 자기 스스로를 드높이는 집단을 만들어 갈 수 있는 조건을 함께 만들어 주어야 합니다. 건강한 아이와 함께 하는 것을 중요하게 여긴 나머지, 건강한 아이와 같은 조건과 같은 내용으로만 교육하면 교육은 빈약해집니다. 결과를 놓고 보면 능력이 발전하는 것을 방해합니다.

건강한 아이에게도 장애에 대한 생각을 올바로 할 수 있게 해 주어야 합니다. 학교에 들어갈 무렵에도 양호 학급이나 양호 학교의 전문성을 부정하지 않고, 양호 학교와 지역 학교가 서로 교류하고, 양호 학급에서 합동 활동을 충실하게 할 수 있게 하고, 학교 교육 안에서만 함께 자라게 할 것이 아니라 스물네 시간 생활과 일 년 흐름을 살펴서 사회 교육 속에서 함께 자랄 수 있도록 자리를 많이 만들어 가야 합니다.

질문 10 어린이집에서 집으로 돌아오면 저녁 준비하느라 바빠서 아이에게 텔레비전을 보게 했습니다. 그랬더니 요즈음에는 잘 때까지 계속 보고 있습니다. 재촉하지 않으면 저녁도 안 먹고 목욕도 하지 않습니다. 어떻게 해야 할까요?

텔레비전 화면은 계속해서 움직이고 바뀌기 때문에 어린이들이 싫증내지 않고 봅니다. 어머니는 화면이 바뀌는 것은 그림책이나 그림 연극과 같다고 생각하지 않으셨는지요?

그림책이나 그림 연극을 읽어 줄 때는 읽는 편에서 어린이의 표정을 살피면서 천천히 읽거나, 이야기의 내용에 맞춰서 빨리 책장을 넘기거나 하면서 읽어 줍니다. 그러나 텔레비전은 한쪽에서 화면으로 정보를 내보내는 것뿐이어서 보는 사람의 감정이나 나이에 맞추어 화면을 바꿀 수 없습니다.

어린이들은 실제 사물과 말을 결합하여 기억합니다. 예를 들면, 차를 마실 때 어른이 "차 뜨거워요. 후후해야지." 하면 어른의 말과 몸짓으로 뜨겁다는 것과 뜨거운 것은 불어서 식힌다는 것을 기억합니다. 텔레비전에서 같은 것을 보여 준다고 해도 그것은 본 것뿐으로 아는 것으로 이어지지 않습니다.

세 살 시기에는 점점 말을 많이 배우고 많이 합니다. 이상하게 말할 때도 있지만 실제 사물과 결합하면 그 모습은 넘어섭니다. 그러므로 말만 기억하게 하는 것이 아니라 풍부한 경험을 하게 하는 것이 좋습니다.

"프로그램 두 개만 보자."고 약속하고 부모도 아이도 그 약속을 지키면 뜻밖에 아이는 텔레비전에서 멀어집니다. 저녁 준비하느라 바쁘다고 그대로 텔레비전 앞에 앉혀 놓지 말고 "콩 까는 것 좀 도와 줄래." 하거나, "양파 껍질 좀 벗겨 줘." 하면 열심히 도와 줍니다. 되도록 부모와 아이가 같은 프로그램을 보고 "오늘은 슬픈 이야기였네." "다음 이야기는 어떻게 될까." 하며 이야기를 주고받으면 어린이의 마음은 기쁨으로 가득 찹니다.

또 텔레비전은 시력에 영향을 많이 주기 때문에 비스듬하게 보지 않게 하고, 3미터쯤 떨어져서 보게 하는 것이 좋습니다.

질문 11 서로가 싫은 것은 아닌데 성격이 급해서인지 자주 부부 싸움을 합니다. 때로는 물건을 내던지기도 합니다. 아이 앞에서 날마다 싸우는 것은 좋지 않다고 생각하지만, 부부 싸움도 사이가 좋아야 한다고 생각해 버리고 맙니다. 어떻게 생각하면 좋을까요?

우리 어린이집에서 한 살 어린이 반에 있는 어린이가 갑자기 동무들을 물어뜯거나 울고, 아주 불안정해 보여서 웬일일까 하고 생각하고 있었는데, 그 아이의 어머니가 이혼한다는 것입니다. 한 살 갓난아이에게도 부부 관계가 이렇게 큰 영향을 주는가 하고 적지 않게 놀랐습니다.

세 살 어린이 앞에서 부모가 싸우면 어린이는 어떻게 할까요? 싸우는 정도에 따라서 차이가 있겠지만 "안 돼." 하면서 불안해하고 어쩔 줄 몰라 때로는 울어 버리기도 합니다. 이런 일이 자주 이어지면 어린이는 정서가 불안정해지고 활발하게 놀지도 못합니다.

또 이 시기에는 흉내내는 것을 좋아하므로 부모가 싸울 때 하는 말투나 몸짓을 흉내냅니다. 따라서 동무들을 상냥하게 대하지 못하고 험한 말로 이야기하며, 때로는 동무를 아무렇지도 않게 마구 때리기도 합니다. 부부는 사이가 좋아야 합니다.

부부가 사이좋으면 서로 상냥하게 대하고 위로해 주고 격려해 주면서 생활하겠지요. 서로 의견이 다를지라도 그 자리에서 다투지 말고 "아이가 잠들고 나면 이야기합시다." 하고 말할 수 있지 않을까요? 이것은 동무와 의견이 다르면 그 자리에서 꼭 해결해야 하는 어린이와 크게 다른 점입니다.

그렇다고는 하지만 때로는 싸워야 할 일도 있습니다. 그럴 때도 서로 의견을 제대로 이야기할 수 있거나, 의견이 다르다는 것을 분명하게 이야기할 수 있다면 해결 방법은 아주 달라집니다. 어느 쪽이든 한쪽이 잘못했을 때 솔직하게 "미안해요." 하고 말하고 있습니까? 내가 옳다고 상대방에게 무조건 주장하지 않고, 서로 이해할 수 있는 해결 방안을 찾고 있습니까?

내 아이가 솔직하게 "미안해." 하고 말할 수 있는 아이가 되기를 바라거나, 동무와 사이좋게 지내기를 바란다고 해도 어린이가 가장 믿을 수 있는 부모가 싸움만 하고 있다면 그것은 기대할 수 없겠지요.

먼저 어른들부터 훌륭한 사람이 되도록 노력해야 합니다.

교사, 부모, 연구자 들이 쓴 어린이집 실천 기록

세 살, 우리 아이 어떻게 키울까?

2007년 7월 12일 1판 1쇄 펴냄 | 2016년 6월 2일 1판 4쇄 펴냄 | **글쓴이** 오사카보육연구소 | **옮긴이** 이학선 | **표지 그림 · 사진** 강우근, 권혁도, 이태수 | **펴낸이** 윤구병 | **편집** 신옥희, 심명숙, 한유경 | **교열 교정** 이송희 | **디자인** 비마인 | **제작** 심준엽 | **영업** 백봉현, 안명선, 양병희, 이옥한, 정영지, 조서연, 조병범, 최민용 | **경영 지원** 임혜정, 전범준, 한선희 | **인쇄** (주)미르 인쇄 | **제본** (주)상지사 | **펴낸 곳** (주)도서출판 보리 | **출판 등록** 1991년 8월 6일 제 9-279호 | **주소** 경기도 파주시 직지길 492 (10881) | **전화** (031)955-3535 | **전송** (031)955-3533 | **홈페이지** www.boribook.com | **전자 우편** bori@boribook.com

ISBN 978-89-8428-440-1 04370
      978-89-8428-444-9 (전 6권)

이 책의 국립중앙도서관 출판도서목록(CIP)은 e-CIP 홈페이지(http://www.nl.go.kr/cip.php)에서 볼 수 있습니다. (CIP 제어번호 : CIP 2007001859)